接话有招

孙玉忠 —— 编著

每个人都能成为接话高手

不要让接话拖累你

北方妇女儿童出版社

·长春·

图书在版编目（CIP）数据

接话有招 / 孙玉忠编著. -- 长春：北方妇女儿童
出版社，2024.5（2024.6重印）
ISBN 978-7-5585-8401-5

Ⅰ.①接… Ⅱ.①孙… Ⅲ.①人际关系－语言艺术－
通俗读物 Ⅳ.①C912.13-49

中国国家版本馆CIP数据核字（2024）第065656号

接话有招

JIEHUA YOUZHAO

出 版 人	师晓晖
策 划 人	陶　然
责任编辑	于洪儒
装帧设计	天下书装
开　　本	710mm×1000mm 1/16
印　　张	9
字　　数	138千字
版　　次	2024年5月第1版
印　　次	2024年6月第2次印刷
印　　刷	三河市南阳印刷有限公司
出　　版	北方妇女儿童出版社
发　　行	北方妇女儿童出版社
地　　址	长春市福祉大路5788号
电　　话	总编办：0431-81629600
定　　价	49.80元

PREFACE 前言

　　在现实生活中，每个人每天都要和形形色色的人打交道，在这个过程中，交谈是我们与人交往的主要方式，也是我们获取信息、建立关系、增进了解的必要手段。然而，生活中有不少人会对与人交谈感到惧怕，甚至有不少人不敢主动开口与人交谈，生怕交谈的话匣子一旦打开，自己将无法接住对方的话，从而使彼此的交谈陷入尴尬的境地。

　　其实，很多人之所以不敢或者不善与人交际，最根本的原因是他们不懂得接话的艺术，简单来说，就是不知道该如何对他人的言谈做出恰如其分的回答。说到这里，或许有人会觉得这样说未免有些小题大做了，不就是接话嘛，只要开口说不就行了。话虽如此，但是在人际交往中，接话并没有我们想象中那么简单。

　　接话这件事，其实是一门非常值得研究和学习的学问。好的接话，不仅能促进彼此间的交流，让彼此都能获得有益的信息，同时增进彼此的感情，而且还能在一定程度上升华你们的关系；相反，差的接话，不仅会让彼此的交谈陷入尴尬的境地，甚至还会对你们之间的关系产生负面影响。

　　基于这样的现实意义，我们特意编写了这本《接话有招》图书。本书从人际沟通中的"接话"这一主题出发，从"建立共鸣""学会倾听""点到为止""精准表达""以情动人""玩转幽默"六大主题出发，全方位精准地剖析"接话"中所蕴藏的三十多个精彩招数。在此基础上，我们还针对不同的接话绝招，编写了不同的经典故事，共计六十多则故事，旨在让读者在阅读理论知识的同时，获得故事性的趣味阅读体验。

此外，书中还精心编绘了高清的插图漫画，让读者在品读文字内容的同时，还能欣赏到与之契合的精彩图画，一举获得图文并茂的阅读体验。希望通过对本书的阅读，读者们都能掌握接话绝招，并在今后的人际沟通中敢于开口，以恰当、完美的方式去接话，让你的交谈变得更有质量！

孙玉忠

2024.03.01

CONTENTS 目录

第一篇

建立共鸣，接话要有人情味儿

在日常的交流中，如果我们想迅速拉近和其他人的关系，沟通顺畅，就需要尝试找一些共同话题。什么是共同话题呢？比如和孩子可以谈论学习和游戏，和老人可以谈论风土人情以及养生，抓住年龄以及生活特点，投其所好，这样沟通起来才能更加顺畅，更有利于我们完成一次有效的沟通。

面带微笑，让交谈变得更加融洽

微笑是最好的沟通名片。一个人如果时常面带微笑，就会让人感觉温暖亲切，如沐春风，不自觉地想要多交谈几句；而不苟言笑的人，会产生生人勿近的磁场，让人不由得想要敬而远之。所以，请大方地展露笑颜，释放你的善意吧！

一个人的面部表情是其内心世界的映射。一个真诚的微笑传达的一定是友善和热情，会给人留下积极的第一印象，是与人建立沟通交流的第一步，而冷漠、虚伪的表情会叫人直接失去沟通的欲望。所以，想要建立沟通，先发自内心地笑起来吧，让人看到你的真诚和热情。

你说话真幽默。

嘿嘿，朋友们都这样夸我。

微笑是打开人心的一把神奇的钥匙。法国作家雨果曾经说："有一种东西，比我们的面貌更像我们，那便是我们的表情；还有另外一种东西，比表情更像我们，那便是我们的微笑。"

张建是一名销售人员，最近他的工作到了瓶颈期，本来有意向的客户不知道什么原因迟迟不肯签约。这天，心浮气躁的他决定去公园走一走，他边走边想工作的事情，没注意到路上的小坑，结果一不小心把脚崴了。张建觉得倒霉透顶，坏情绪就要爆发了，他坐在公园的长椅上查看自己脚腕的伤势。这时候一个声音问道："你好，请问我可以坐在这里吗？"张建抬头便看到一个满面笑容的老人，他赶紧挪了挪位置。老人笑着说："谢谢你。"看到老人的笑脸，张建忽然觉得原本烦躁的心情慢慢地平复了下来，他笑着回应："不客气，今天的天气真好哇！"就这样，两个人开心地聊了起来，张建的坏情绪也一扫而光。

微笑就是有这么神奇的力量，赶走负能量，带来阳光。我们也要学会保持微笑。

微笑让人受欢迎

微笑是一个让人受其他人欢迎的秘密武器。在平时的生活中，不管是购物还是用餐，如果我们都能够向服务人员释放善意的微笑，那你一定会得到非常棒的服务。你的微笑对服务人员来说，是一种非常珍贵的尊重和肯定，会让他们觉得自己的劳动是有价值的，他们也肯定会用更优质的服务来回馈我们的善意，这不正是赠人玫瑰，手有余香吗。所以，不要吝啬我们的笑容，不要羞于表达自己的友好，用自己真诚的笑容去感染身边的每一个人吧！

笑对生活

生活就像一面镜子，你抱着什么样的态度生活，它就会回馈给你怎样的人生。积极的人会收获幸福，消极的人会变得沮丧。所以，学会笑对生活吧，用微笑去化解生活中的剑拔弩张，用微笑去消除人与人初见时的尴尬与隔阂，用微笑去消除陌生环境里的局促不安吧！只要你学会微笑面对，你的生活和心情将会变得前所未有的轻松。正如威尔科克斯所说："当生活像一首歌那样轻快流畅时，笑颜常开乃易事；而在一切事都不妙时仍能微笑的人，才活得有价值。"

加油！微笑面对每一天！

微笑传递快乐

曾获诺贝尔文学奖的瑞士作家卡尔·施皮特勒曾经说："微笑乃是具有多重意义的语言。它不仅仅是一种面部表情，更是我们内心快乐的无声表达。"人们都说微笑是最好的化妆品，一个人如果面带笑容，即使穿着朴素也会让人感觉神采飞扬；而一个人如果面带愁苦，就算身着华服也会让人感觉黯淡无光。我想每个人都喜欢那些释放快乐的人吧，爱笑会让我们更有亲和力，吸引更多人和我们成为朋友。所以，多多对自己和别人微笑吧，因为你的微笑无时无刻不在告诉对方：快来和我做朋友！

真诚的微笑是可以转化成真金白银的。因为销售法国葡萄酒而闻名的科尼克亚购物中心在筹备开业的时候，员工工服怎么都挑不到满意的。倒不是设计师们设计的衣服不漂亮，材质不够好，而是不管什么样的工服，都让经理感觉缺点儿东西，但具体缺少的是什么，经理也百思不得其解。员工工服是商场的一张名片，开业在即，却迟迟没有合适的，内心焦急的经理决定去登门拜访大名鼎鼎的时装设计师丹诺·布鲁尔。布鲁尔听完经理的来意以后，笑着对经理说："其实工服并不重要，员工真诚的微笑和服务才是商场的名片哪！"经理听完以后茅塞顿开，决定干脆不定做工服了，因为比起美丽的外表，真诚温暖的服务更重要。这家商场也因为微笑服务被全球的大商场当作标杆。

微笑抚慰人心

微笑具有抚慰人心的神奇力量。人生不如意事十之八九，但是如果我们保持乐观的态度，不管遇到什么境遇都保持微笑，困难和挫折似乎也没有那么可怕了。我们常说"爱笑的人运气不会太差。"这可不是一句心灵鸡汤。因为爱笑的人都拥有一颗乐观豁达的心，面对困难时不怨天尤人，面对挑战时不畏畏缩缩，面对荣誉时不自我膨胀。与此同时，爱笑的人还能够感染和鼓舞身边的人，用微笑带给朋友们满满的正能量。所以不论何时何地，我们都要保持微笑。

别担心，你不是还有我吗？

见到你的微笑，我觉得整个人都放松了许多。

态度诚恳，轻轻拨动他人的心弦

《庄子》有云："真者，精诚之至也，不精不诚，不能动人。"在我们和人沟通的时候，真诚是最容易打动人心的方法。当我们温和而恳切地提出自己的真实想法时，不管你的语言表达能力如何，别人都会觉得你是一个靠谱的人。

我们沟通交流的目的是让别人更好地了解我们的想法。为了达成有效的沟通，除了真诚之外，我们还要注意自己的表达方式。如果在交流中忽略了对方的感受，引起对方的反感和不适，这样不仅不能达到沟通的目的，还会造成矛盾，这就和我们的初衷南辕北辙了。

对不起，我刚才说话时的语气比较重。

你说话的态度一定要改正，不然太得罪人了。

金无足赤，人无完人。每个人都可能会说错话，这时候一句发自内心的"对不起"胜过一百句托词和狡辩。这不仅可以让人看到你的诚意，还能及时弥补自己的错误，修补破裂的关系。

雨果和巴尔扎克都是法国著名的文学家，他们意趣相投，是非常要好的朋友。有一天，雨果邀请巴尔扎克到自己家做客，巴尔扎克欣然前往。雨果家装修豪华，琳琅满目的艺术品让巴尔扎克看得很入神，在参观书房的时候，他一不小心打破了雨果的一只笔筒。看到满地的碎片，巴尔扎克感到手足无措，他为自己冒失的行为感到羞愧。他连忙找到雨果并真诚地向雨果道歉。雨果听了以后，轻轻地拍了拍他的肩膀，说："你不说这个笔筒我都要忘了，我早就想把它扔掉了，那个赝品和我的装修风格根本就不搭配。"其实笔筒根本不是赝品，雨果觉得，再珍贵的笔筒也比不上巴尔扎克这个朋友。于是，他找了这样一个理由，巧妙地化解了巴尔扎克的尴尬，使巴尔扎克度过了愉快的一天。

真诚千金难换

清朝学者申居郧曾经说："世间好看事尽有，好听话极多，唯求一真字难得。"人际交往中，真诚是非常难得的珍贵品质。虽然我们讲话要注重方式方法，但是同样也要注意不能只讲技巧而失去客观公正，这样就会矫枉过正，让人听起来虚伪敷衍。诚然，每个人都愿意听好听的话，它能让人心情愉悦，但是只是好听而没有任何意义的话，有时候还不如不说。就像法国作家莫洛亚所说："真诚并不意味着要指责别人的缺点，但意味着一定不恭维别人的缺点。"

能和你这样真诚的人做朋友，是我的荣幸！

真诚是人生最崇高的美德，也是对待朋友的基本准则。

真诚能够带来机遇

我们常说"精诚所至，金石为开"，这句话讲的就是人如果有十足的诚意，就连金石这样坚固的东西都可以被感化。在与人交往沟通时，真诚是打开局面的敲门砖。不管想要达到什么样的目的，都要学会真诚地沟通，让人看到你的诚意，感化对方，让人从内心真正地认可和接纳你，正如法国作家马丁·杜·加尔所说："真诚是灵魂的面孔，虚伪则是假面具。"人一旦失去真诚，谎言和欺骗便会滋生，又有谁愿意和满心虚伪、算计的人共事呢？所以请大家真诚待人，这样才能有所收获。

我这个人性格比较直，喜欢有什么说什么。

没关系，我喜欢这种真诚的性格。

保持真诚

也许有人会问："在沟通中，我们一直强调要真诚，是要我们一句谎话都不说吗？"这个世界上又有谁能永远不说谎呢？谎话也分很多种，如果我们的出发点和最后结果的导向性都是利他的、善意的，那么大部分时候这样的谎言是可以被理解和接受的。但是，归根到底，谎言终究是谎言，不管它披上怎样的外衣。因此，我们在日常交际中，要尽可能做到持身以正，持心以纯，避免说谎，守护好我们的一颗赤子之心。我们要始终相信一颗赤诚之心胜过千言万语。

张楠是一名出色的珠宝设计师，拥有自己的品牌是她一直以来的梦想。工作几年后，她的工作经验也比较丰富了，资金也准备充足了，于是，她便计划创立自己的珠宝工作室。张楠虽然设计能力出类拔萃，但销售和管理却是她的短板，于是，她便想让自己的好朋友刘宁加入自己的工作室。刘宁现在有一份稳定的工作，虽然她对张楠的提议感到心动，但是家里人都觉得创业有风险，并不支持她辞职和张楠一起创业，为此刘宁一直犹豫不决。有一天，张楠约刘宁出来，拿了一些自己的设计手稿给她看，并且很认真地给刘宁分析了工作室的发展方向和前景，还将自己拟定的合伙合同给刘宁一一过目。刘宁被张楠的真诚彻底征服了，最终决定辞职和张楠一起创业。

真诚要体现在行动中

在日常生活中，真诚不仅仅需要在言语上表现出来，更需要我们付诸行动。那么怎么在行动上表现真诚呢？在和别人合作时多多站在对方的立场上思考问题，为他人的利益考虑；在遭到他人拒绝时可以尝试多次有礼有节地去争取机会；在得到他人的帮助时找机会去回馈对方，表达自己的感激，这些都是真诚在行动上的体现。只浮于口头和表面的真诚是经不起考验的，我们只有做到知行合一，言语和行动都有所表示，才能更好地赢得信任和机会。

主动一些，用你的热情感染对方

在日常交流中，常常出现两种沟通结果：相谈甚欢和不欢而散。同样是谈话，为什么会造成这两种大相径庭的结果呢？这可能和谈话的气氛有很大的关系。轻松的环境容易促使谈话成功，而紧张的环境更容易导致沟通失败。

我们经常说"种瓜得瓜，种豆得豆；昨日因，今日果"。这句话在人际交往中也适用。如果你给予别人的是热情，别人自然会回馈给你阳光；如果你对别人冷漠，别人自然也会用冷漠回馈你。所以，我们在生活中要学会做一个热情的人，点亮自己的世界，也温暖他人的生活。

法国作家拉罗什富科说过："热情是能量，没有热情，任何伟大的事情都不能完成。"在我们的工作和生活中，我们要时刻保持饱满的热情和昂扬的斗志，努力奋斗，一步一步地朝着成功迈进。

可心是一家品牌连锁店的店长，在工作和生活中，她是出了名的热心肠，大家都喜欢和她共事。可心在这个品牌店工作了十余年，几乎每一年都是公司的销售冠军。对客户的资料，可心都熟记于心，每次老客户来店里，她都能快速而准确地叫出对方的名字，给客户推荐适合的商品，提出中肯的意见，很多客户来店里都点名找可心服务。尽管手头已经有很多忠实的客户，可心也从不怠慢新客户，不管最后能不能成交，可心始终面带微笑，热情洋溢。在今年的公司年终总结大会上，可心的年度销售额又遥遥领先，经理把她请到了台上，请她分享一些销售的诀窍。可心上台后说："其实也没什么诀窍，如果非要说有诀窍，那就是热情。当你热情地去服务客户的时候，客户是非常愿意买单的。"

寒暄的作用

寒暄是一种常见的社交礼仪，一般我们在谈论正事的时候都会先寒暄几句作铺垫，使我们后边的谈话不会显得突兀没有人情味儿。寒暄能迅速拉近彼此的距离，表达我们对对方的关心。它就像我们就餐时的前菜，好的前菜能够让人胃口大开，坏的前菜则会让人直接失去就餐的兴致。真诚自然、适度得体的寒暄能够让人感觉亲切舒适，而冰冷敷衍、毫无感情的寒暄则会让我们感到尴尬难受。所以我们在寒暄的时候也一定要注意态度和分寸。

好久不见，最近过得怎么样？

我还不错，你呢，身体还好吧？

学会传递热情

成功学大师美国的拿破仑·希尔说过："热情像炽热的太阳，无论冬夏，它都在内心默默燃烧，发出强大的光芒，温暖那些被寒冷与黑暗笼罩的人。"很多人都感叹现代社会人与人之间关系的疏离，其实热情和冷漠都是会传染的，如果你想变得活力四射，你就必须积极热情起来，这样不仅仅是你自己，你周围的一切都会被你带动起来，悄然发生改变，而一个人如果甘愿被冷漠感染，那么等待他的也终将是消沉。做一个热情的人吧，去散发你的光芒，释放你的正能量。

每次见到你，都觉得你特别有活力。

可能是我比较积极向上吧。

热情助人成功

热情是一种非常有魅力的品格，它能让你在人群中脱颖而出，最先引起别人的注意。热情的人都具有积极主动的特点，这是一个人非常强烈的性格标签，也是我们在工作中无往不胜的利器。其实，我们的工作说到底就是向别人推销自己，主动热情的人一定会在竞争中抢得先机。俗话说得好，"先下手为强，后下手遭殃"。主动的人总是随时做好准备，机会一来就会牢牢抓住，而被动的人总是瞻前顾后，游移不定。如果你是幸运女神，你更垂青哪一种人呢？

　　严明先生是一位著名的散文家，他的文风轻松幽默，很受欢迎，他本人也常被邀请参加各种文学交流会。

　　有一次，他参加了一场为期两天的座谈会。等到第一天结束后，他想趁晚上的时间和其他的参会人员交流一下散文的心得，便来到了宿舍区。正当他要敲门的时候，看到房门上贴着"请勿打扰"的提示，这种情况下，一般人都会悄悄地离开，然而，严明顿了一下后就开始轻轻地敲门，进门以后他微笑着对宿舍里的人们说："不好意思，各位，我来打扰你们啦！"大家看到来的人是大名鼎鼎的严明，都非常高兴，连忙说："欢迎打扰，欢迎打扰。"因为这几句幽默机智的话，气氛一下子就活跃了起来，大家都踊跃地表达了自己的观点，进行了热烈的讨论，每个人都感觉受益匪浅。

主动交流要有礼

　　有礼走遍天下，无礼寸步难行。当我们主动和别人交流的时候，一定是想要进行一次愉快的沟通，这时候我们就要注意说话的态度。有礼貌的攀谈会让人感受到你的热情和善意，别人自然会回馈同样的善意给你，而鲁莽无礼的攀谈则很容易被解读成故意找碴儿，从而引起误会，和我们交流的初衷背道而驰。现代科技的发展，让我们除了面对面交流外还有更多元的选择，如电话、微信、电子邮件等，不管选择什么方式建立联系，都要切记礼多人不怪。

寻找共同话题，激起对方的兴趣

聊天儿是一门艺术，如果我们想要和他人进行一次轻松愉快的交流，就需要选择一个切入点来开始对话。在选择切入点的时候，我们要学会照顾对方的感受，选择双方都感兴趣的话题，这样才能有来有往，避免对话陷入尴尬和冷场的境地。

相声圈有一个规矩：话不能掉地上。而人际交往也是如此，尽量别让话掉地上，引发尴尬和冷场，这就需要我们聊天儿时寻找共同话题。在寻找共同话题的时候，我们需要遵循由浅入深的原则，从小事聊起，循序渐进，避免敏感话题和尖锐的观点，这样才能有聊不完的话题。

> 对不起，我这个人不太擅长聊天儿。

> 没关系，我们可以先聊聊兴趣爱好。

聊天儿的共同话题并不难找，只要我们用心就会发现很多切入点，我们要尽量选择相对安全和日常的话题，然后观察对方的反应，避免触碰对方的底线和聊天儿雷区，以免引起冲突。

美国散文家威廉·菲尔普斯教授小时候特别喜欢在自己的姑妈家过周末。有一天，姑妈家来了一位不速之客，双方寒暄过后，姑妈对他的话题显得有一些不感兴趣。这时候这位客人注意到了在房间角落里专心致志玩儿船模的威廉，他轻轻地走到了威廉的身边，面带笑容地和威廉打招呼，并夸赞威廉的船模搭建得结实美观，准确地说出了这个船模的型号。威廉的注意力一下子就被吸引了过来，看到威廉开心的表情，这个客人便和威廉聊了很多船只方面的小知识，从渔船到战舰，不同时期、不同类型的船只他都了如指掌，威廉听得津津有味，向他请教了很多船只方面的问题，两人聊得开心，以至于忘记了时间。他离开以后威廉还觉得有些意犹未尽，期待着这位客人能够再次来访。

怎样友好地交流

平等是健康人际关系的基础。在人际交往中，我们要时刻提醒自己放平心态，摆正自己的位置，切忌以自我为中心，过分地强调自我而不顾及对方的感受。我们要学会平和地去倾听，即使别人的想法和自己的不同，也试着去尊重和接受对方的观点，君子和而不同，多理解少反驳。同时，我们也要尽量避免使用过于绝对的字眼和词语，这样会给人留下武断强势的第一印象。另外，我们还要注意千万不要以己之长比人之短，否则会被对方列为拒绝往来的人。

不是吧，这么简单的事情你都不懂？

别说的像你有多了不起一样。

巧选话题聊好天儿

聊天儿话题的选择并不难。我们可以从日常生活、美景美食、明星八卦等各个方面尝试去开始一段对话。在聊天儿的过程中，我们要观察对方对话题的反应，如果谈到别人不想聊的话题，我们要收起自己的好奇心，不要打破砂锅问到底，赶紧换一个让双方都感觉舒服的话题，认真地倾听，适时给对方一些正面的回应和反馈，学会抛砖引玉，鼓励和肯定对方表达自己的想法。同时要把握好聊天儿的节奏，不要频繁地切换聊天儿话题，给人感觉云里雾里，不知所云。

你知道这个公园的来历吗？

这你都知道？快和我说说。

怎样和陌生人交流

生活中每个人都不可避免地要和陌生人打交道，那么，怎么去和陌生人沟通，给对方留下一个好印象呢？初次见面我们要先去观察对方，不要一上来就冒冒失失地去打招呼，要学会"看人下菜碟"，和对方聊一些符合对方身份、地位的话题。试着去找一些共同话题，拉近双方的关系。同时还要学会倾听和回应，充分表达自己的尊重和肯定。在聊天儿的过程中，我们要适时引导，循循善诱，不断深入聊天儿的话题。掌握了这几点，和陌生人打交道便不再是难事了。

　　晶晶是一个实习记者，建军节就要到了，报社派她去采访一位退伍老兵。晶晶来到老人的家里后，看到茶几上的杯子，晶晶开口说："您这套茶杯真漂亮，是骨质瓷的吗？"老人回答说："是呀，这个是景德镇的瓷器，是前阵子江西的战友送给我的。"晶晶听了以后，不由得感叹："您已经退伍十几年了，战友之间的联系还是这么密切呀！""是呀，战友情谊一生难忘，当年我们一起在新疆当兵，每天风里来雨里去的，在一起十几年。记得有一次……"谈到军旅岁月和老战友，老人的话匣子一下子就打开了，他和晶晶讲了很多当年服役时候的事情，还拿出了很多珍贵的照片、勋章和奖状，晶晶听得津津有味。回到报社以后她写出了一篇内容翔实的报道，得到了领导的称赞。

根据情境创造话题

　　和陌生人打交道可以根据所处的环境来开启话题。特定的场景会在一定程度上反映出一个人的性格和兴趣，只要我们抓住这个特点，便可以轻松地找到和对方的共同话题。可能有人会觉得自己对这个领域一知半解，只怕很难和对方聊得投机。其实不然，即使知之甚少，如果我们可以表现出对对方的兴趣、爱好感兴趣，真心实意想要学习的态度，也能让对方产生志趣相投的感觉，从而很快拉近彼此的关系，顺便还可以扩大自己的知识储备，一举两得，岂不美哉？

得体的称呼，让沟通距离缩小一步

在人际交往中，称呼是每个人的社会化标签，不同场景适用不同的称呼，而不同的称呼所代表的含义也不尽相同。称呼的使用大有门道，正确地使用称呼会给人留下良好的印象，而不合时宜的称呼则会让自己成为社交场上的笑柄。

在人际交往中，正确而巧妙地运用称呼可以帮助我们建立良好的人际关系。和人交流，能选择尊称就一定要使用尊称。尊称能够更好地显示出对方的社会地位以及自己对对方的尊敬和礼貌，既让对方觉得被重视，还能体现自己的修养和素质，一举两得，何乐而不为呢？

王科长，您来得真早哇！

是小李呀，我趁着天气不错来锻炼锻炼。

称呼在交际中起到的作用不容小觑。正确地使用称呼能让对方感觉有面子，给对方留下好印象。如果不注意尊敬别人，使用了错误的称呼，很可能会破坏你在对方心中的信誉，甚至让对方对你产生不满。

张鑫是一个情商很高的交际达人，最近他刚刚跳槽进入了一家新公司。新公司规模很大，领导和同事特别多。入职以后，张鑫在工作之中暗暗观察公司的领导和同事，记他们的职位、头衔、性格，以及同事之间互相的称呼等，不管和谁打交道，他都能亲切准确地称呼对方，让领导和同事都感觉很舒服，很快他就和大家打成了一片，大家也很乐意将工作经验分享给他，没多久他就在新岗位上做得得心应手、如鱼得水，很快就得到了领导的青睐。

正确称呼好处多

正确地使用称呼能让我们与对方的沟通更愉快，也能帮助我们更顺利地达到自己的目的。当我们和他人交流的时候，一定要选择一个得体的称呼来开头。所谓得体的称呼，并不是自己觉得得体就行，而是要让对方感觉合适，毕竟嘴甜的人不吃亏。如果一个人聊天儿不带任何称呼，直接说事情，就会让人感到语气非常生硬，没有礼貌，不管有意还是无心，都让对方感觉被冒犯。只是一个称呼的差别，就会产生截然不同的语言环境，甚至带来完全相反的结果。

> 三楼，从这里坐电梯上去，左手边就是。

> 姐姐，请问女装在几楼？

选择得体的称呼

在人际交往中，称呼的选择至关重要。每个人的性格不同，想要的称呼也不一样，有的人希望被捧着，有的人想要被平视，我们要根据对方的心理期待来称呼对方，让对方感觉舒服，使人际交往更顺利。如果我们不加选择地随意使用称呼，就很容易让人感觉被冒犯，引起一堆麻烦。例如在工作中称呼领导时，我们一般都会使用姓氏加头衔的方法，例如张总、李总等，如果我们随意称对方为老张、老李，一定会被当作愣头青，成为单位同事的笑柄。

您就是王老板吧？久仰久仰！

别这么客气，叫我老王就行。

选择称呼的窍门

在人际交往中，我们可以根据谈话对象的身份、年龄、职业和谈话的场合来确定称呼，这样一般不会选错称呼。如果实在不知道怎么称呼对方也没关系，基本的礼貌用语一定要记得用起来，这样才不会让对方感觉失礼。

除了要学会选择合适的称呼，我们还要了解一些社交"潜规则"，比如人多的时候打招呼的先后顺序应该是先长后幼等，在特定的环境里容易引起他人误会的词应该慎用，如师傅、小姐等。掌握了这些知识，才能让我们更受欢迎。

张欢和王明都是徒步旅行的爱好者。这天，两个人一起去郊外徒步旅行，发现了一处风景优美的山谷。两个人玩儿得很开心，竟然忘了时间，天色渐渐暗下来，准备回家的时候他们才发现迷路了。两个人走哇走，发现不远处有一个放羊的老人，他们高兴极了。张欢跑过去兴奋地朝着老人喊："嗨，知道去市区的路怎么走吗？"老人没理他，继续赶着羊群往前走。张欢碰了一鼻子灰，只好回去告诉王明事情的经过。王明听了以后笑着说："你这样说话肯定问不到路哇。"之后，他追上老人，有礼貌地说："大爷，您好，我和朋友第一次来这里玩儿，现在找不到回去的路，您知道去市区应该怎么走吗？"老人停下了脚步，告诉了王明去市区方向最快的路线。王明向老人道谢后，便和张欢踏上了归途。

选对称呼有益处

在日常的人际交往中，友好得体的称呼可以让对方感觉心情愉快，能够帮助我们迅速地拉近关系。试想，如果一个只有一面之缘的人，下次见面还能准确地叫出来你的名字，你是不是会有受宠若惊的感觉？在我们称呼别人的时候，最重要的是要让对方感觉到被尊重，这样才有助于达到交际的目的，给别人留下的印象也是彬彬有礼的；反之，一个不合时宜的称呼则会留给人粗鲁无礼的坏印象，不仅无法帮助我们达到交际的目的，还有可能会带来麻烦。

小杨，好巧哇，你也来逛街？

是呀，没想到你居然记得我的名字。

　　此外，合适的称呼也有助于化解尴尬，拉近人与人之间的距离。当我们能够准确地把握对方的称呼偏好，并在交流中灵活运用时，就能够让对方感到舒适和愉悦，从而更愿意与我们建立起良好的交流和合作关系。

　　因此，精心选择合适的称呼是交际礼仪的一部分，更是促进良好人际关系的重要手段。良好的称呼选择不仅能够为个人关系的健康发展打下基础，也有助于整个社会的和谐发展。以尊重和关怀的态度对待他人，让我们共同创造一个更加温暖、包容、和谐的社会环境。

第二篇

学会倾听，接话要先听后说

无论是初入职场还是久经职场的人士，只要你学会了今天这个重要的技能，你的职场"打怪升级"之路将越走越顺。成功人士在总结自己的成功经验时，同样也会提到这个技能，那就是倾听。多了解一些倾听的技巧，会让你在工作中更加得心应手。

学会倾听，好的接话从倾听开始

每个人都有被倾听的渴望，而当你抓住了他人的这个需求，并满足他这个需求后，你就会成为一个受欢迎的人。

倾听不是单纯地听他人说什么就行了，而是要带着脑子去听，时不时回应对方，让对方觉得你是在用心听，而不是在敷衍他。你不仅要跟上说话者的节奏，知道他的中心思想是什么，还要知道在这个过程中，他想要表达的情感是什么。这样，你们之间的关系才会更紧密。

谢谢你愿意做我的倾听者。

没关系，说出来是不是心里就舒服了？

倾听是一种高深的艺术，它并不仅仅在于用耳朵、用心去听，还在于理解讲话者背后所要传达的意思，他的真实目的是什么，他为什么要这么说。只有做到这一点，你才是一个合格的听众。

　　唐太宗开创了历史上有名的贞观之治，而他善于倾听忠臣进谏则是他能取得如此辉煌成就的一个重要原因。魏征直言劝谏是历史上出了名的，好在唐太宗是一个有着博大心胸、擅长倾听的人，即便魏征说的话再难以让人接受，他都能照单全收。

　　有一次，唐太宗实在太生气了，在皇后面前扬言要杀了魏征，说他在朝堂上当众让自己下不来台，似乎有意针对他。皇后听后并没有恼怒，而是换了身朝服重新来见他。唐太宗一脸疑惑，问她这是为何。皇后说："臣妾听说忠臣往往只会为明君效力，今日魏征敢于直言进谏，由此可见，您是一位明君哪，臣妾要恭喜您才对呀！"唐太宗一听，皇后所言有理。从此以后，唐太宗再也不会因为魏征直言进谏而生气了，终成为一位千古流芳的好皇帝。

倾听的好处

　　倾听的好处实在是太多了，它会让一个人收获良好的人际关系，赢得他人的尊重和信任，还会让一个人更深入地了解对方，便于今后工作的开展。我们每个人都要学习这门艺术，用心去聆听他人说话，给予对方足够的关注。即便你不能改变对方的立场，也可以让对方对你产生好感。学会倾听，你才能给予对方更好的回应。擅长倾听的人，往往才是人群中那个最受欢迎的人，也是那个最有分量的人。倾听是有魔力的，我们可以好好利用这个魔法，助我们走向成功。

学会"将心比心"

　　倾听他人说话时，我们可以用将心比心这个技巧，站在对方的立场上去倾听，在情感上和他人产生共鸣，给予对方安慰和鼓励。每个人的生长环境不同，所处的立场也不一样，如果你想要真正理解他人，就要站在对方的角度上。只有这样，你才能做到将心比心。如果是我们自己受到了伤害，我们肯定也希望他人能站在自己的角度上考虑问题，想自己之所想，如果对方一副满不在乎的样子，甚至觉得我们是小题大做，那我们也会非常伤心。

我是不是太脆弱了，遇到一点儿小事就哭。

将心比心，如果遇到这件事的人是我，恐怕还不如你呢！

口才了得不如善于倾听

在公共场合，我们不难发现，一个口才了得的人身边往往会围着一大群人，他俨然就是世界的中心。他往往会得到周围人的热捧，夸赞他极具个人魅力。可是话太多并不见得就是件好事，也许会被人认为多嘴多舌。而擅长倾听的人更能走进人的心灵深处，他们会给人稳重好学、诚实可信的印象。因此，相比滔滔不绝，用心聆听更能收获他人的称赞。在倾听他人说话时，我们不仅要理解他的表层意思，还要明白他背后所蕴含的意思，这样你们之间的沟通才会变得更加顺畅。

在罗宾眼里，韦恩走到哪里都非常受欢迎，他一直不明白这是为什么。这一天，罗宾正好看到韦恩和他一起出现在一个社交活动上，他很高兴，因为他终于有机会近距离观察对方是如何受欢迎的了。他看到韦恩正和一位美丽的夫人坐在一个角落交谈，韦恩一脸微笑，而那位夫人则一直说个不停。罗宾发现好像全程都是那位夫人在说，而韦恩似乎没发一言，只是安静地聆听。他时不时会点个头，但也仅限于此。社交活动结束以后，那位夫人笑着跟他说再见，还相约下次有空再见。那位夫人离开以后，罗宾忍不住上前问道："韦恩先生，我看刚刚那位夫人好像很喜欢你，你是如何让她喜欢上你的？"韦恩说："没什么，我只是将话语权交给她，然后用心听她说话，适时给她回应而已。"

非语言信息也非常重要

通过语言，我们可以了解到一些信息，可是这样得来的信息通常有偏听则暗的嫌疑。想要得到更确切的信息，我们不仅要关注他人所说的话，还要注意辨别他人所讲的话背后的含义。这就告诉我们在倾听他人说话时，我们要调动自己的各种感官，去捕捉非语言信息，比如对方的一些微小的动作和表情等。当他人所说的经历我们也亲身经历过时，我们可以和对方在情感上产生共鸣。如果我们没有这样的经历，我们也可以站在他人的角度，去设想如果是自己，会有什么样的思想和行为。

我和你说这些，你不会嫌烦吧？

你愿意和我说这些，说明你信任我，拿我当朋友，我怎么会嫌烦呢！

别着急开口，多听才能更好地了解对方

著名作家海明威告诉我们，我们用两年的时间学会说话，却要花六十年，甚至更长的时间来学会闭嘴。这就告诉我们，要多听少说。说得越多，往往错得越多，最后让彼此之间产生更多的隔阂，学会适时闭嘴，避免加深矛盾。

纵观古今，为人处世是一门高深的学问。著名哲学家苏格拉底很早就告诉我们，上天赐予我们两只眼睛，两只耳朵，可是只有一张嘴，那就是告诉我们要多看、多听、少说。由此可见，倾听是多么重要。在与他人交往时，倾听会在彼此之间建起一座沟通的桥梁，让我们收获他人的好感。

当对方说话时，你要学会倾听，从中捕捉有用的信息，从而为你所用。比如，你可以从中找到彼此契合的地方，为你们之间的沟通铺路，也可以从中得到有利于你工作的消息，进而方便你开展接下来的工作。

由于家庭条件不好，巴克只上了几年学就开始赚钱养活自己了。可是，当他步入中年时，他已经是美国新闻界响当当的人物了。尽管他早早辍学养家，可是他从来没有放弃过学习。在工作之余，他会经常买旧书看。后来，他有幸读到了一本名为《美国名人传记大全》的书，让他产生了一个大胆的想法，他要给书中提到的名人写信，让他们跟他说一些他们童年时代的趣事。

从这里我们不难发现，巴克是一个非常擅长倾听的人，他希望那些名人可以多讲讲他们的亲身经历。当他联系上这些名人以后，便时常去他们家拜访，而他则成为一个专注的倾听者。那些名人见他如此虚心，便告诉了他不少成功的秘诀，帮助他取得更大的成就，而这一切都源于他擅长倾听。

听到和倾听是两码事

你竖起耳朵听他人说话，只是代表你听到了，并不意味着你在倾听。你的听觉系统确实在工作，可是你的其他感知系统没有同时发力。当一个领导跟下属讲话，下属只是"嗯嗯啊啊"，当领导让他发表一下自己的观点时，他立马傻眼了，这样的人就只是听见，并没有倾听，这样的听只是"假听"，是不受人欢迎的。很多人都有这样的问题，他们往往只关注声音本身，并没有理解声音的实质。我们要学会变听见为倾听，真正发挥倾听的作用。

你到底有没有在听我讲话？

我当然在听了！

学会保持沉默

说话是一门艺术，说得多并不代表你会说，假如对方原本就不想听你说，你还在那滔滔不绝，这只会让对方更加厌烦你。有时候，闭口不谈反而比开口说话更受人欢迎。当你说的话会让对方下不来台时，请你把嘴巴闭上，否则你只会遭到对方的记恨。一个沉默的男人会给人成熟稳重的印象，而一个沉默的女人则会给人温柔贤良的印象。有时候，你要学会保持沉默，让人觉得你是威严的、不可侵犯的，如果你总是粗声大气地辩解，则会给人此地无银三百两的感觉。

你这个人说话太过分了，这样是不对的！

算了，都少说两句吧，没必要争论这些。

倾听的同时给予回应

一段友好的互动关系应该是你认真倾听对方讲话，并在恰当的时候给出回应，让对方感知到你的真诚，从而更愿意讲下去，也更愿意和你建立更深层次的链接。当你讲话时，对方也会给你最真诚的回应，给予你足够的尊重。这样的关系才是良性的、可持续的。但要注意的是，在倾听他人说话时，千万不要随意插话。有的人是急性子，自认为自己有超高的理解能力，对方刚讲到什么，他来不及等对方说完就粗暴地打断对方，这样不但会误解对方的意思，还会给人留下特别不礼貌的印象。

一天，一位客户气冲冲地推开德特默办公室的门，声称这家公司弄错了他的账单，他并没有欠该公司15美元。他想让该公司撤销这笔账单并扬言再也不会和这家公司合作了。直到这位顾客怒气冲冲地发泄结束，德特默才诚恳地向他表示感谢，说多亏了他到公司来告诉他这件事情，让他有机会革除公司的弊病。假如这件事情属实，那么一定也会有其他客户存在类似的问题，他们一定会严查到底，以免公司流失一大批客户。最后，德特默请求这位客户再将事情的始末详细地说一遍，之后向他道歉，说也许是因为工作人员的疏忽，才会出现这类问题。他会认真调查，保证给他一个满意的答复。最后，这件事情得到了圆满解决，原来是客户自己看错了账单。可德特默也因为自己的善于倾听，赢得了一个忠诚的客户。

学会倾听是一门重要的功课

当对方在说话时，不要急着打断对方，先耐心听对方把话说完，然后再发表自己的意见，这样不仅会让对方觉得你是一个特别有素养的人，还更能让对方愿意和你深入交流下去。当你全程都在专注地聆听时，对方会觉得遇到了知己，你们之间的关系一下子就亲近了不少。而一个善于倾听的人究竟要如何做呢？那就是要认真听对方说话，听的时候，看着对方的眼睛，表示你对他所说的话非常感兴趣，千万不要左顾右盼，也不能表现出不耐烦的样子，更不要将注意力放在其他事情上。

你终于来了，我有一肚子的话想对你说。

太好了，我最愿意当倾听者了。

恰当地回应，让对方感受到你的兴趣

倾听并不是完全闭口不言，而是在恰当的时候附和一下，表明你在用心聆听，代表着你非常重视说话者。当你认可对方的观点时，你可以说："你说得没错！""他的做法真是太不妥当了！"这样的话，说话者会觉得自己找到了知音。

当对方说话时，你不仅要认真聆听，还要时不时回应一下对方，比如"没错！""真的？""天哪！"这样对方就知道他有一个忠实的听众，你对他的话题是感兴趣的，他才能继续说下去。假如你实在不想再听对方说下去，可以直截了当地告诉对方，只是你们的关系也就到此为止了。

> 天哪，你说的这些该不会是真的吧？

> 这可是我亲耳听到的，还能有假？

倾听者还可以适时向说话者提问，以表明你愿意和对方继续交流下去。倾听，最重要的就是表明你的态度，并通过种种方式告诉对方，让对方知道你对他所说的话是感兴趣的，是希望他继续说下去的。

有一次，一个桥牌聚会邀请了卡耐基参加，对桥牌并不感兴趣的他原本想拒绝，可拗不过朋友的好意，只好勉为其难地参加。在这里，他遇到了同样不喜欢桥牌的一位女士。二人就这样攀谈起来。这位女士对他说："先生，听说你撰写过关于旅游方面的趣事，可以给我讲讲各地的旅游见闻吗？"然后她又说，"我前段时间才去了非洲。"卡耐基闻言，惊呼："非洲！那里一直是我向往的地方。我太羡慕你了，你可以告诉我一些关于非洲的趣闻吗？"之后，这位女士就开始滔滔不绝地讲起她在非洲的所见所闻，而卡耐基呢，只需要认真地当一个听众即可。其实这位女士只是需要有个人倾听她说话，以满足她自恋的心理。而这位女士逢人便说卡耐基是个很好的谈话对象，她希望以后有机会多和他交谈。

维系良好沟通的重要手段

在倾听对方讲话时，你要调动五感，注意分辨对方语言背后所蕴含的情感和深意，能够站在对方的立场考虑问题，只有这样，你的倾听才是有价值的。作为一名合格的倾听者，你要在适当的时候给予对方回应，一个表情，抑或是一个动作、一个感叹词，都是维系良好沟通的重要手段，谈话者会感激你的聆听，会更有兴致地继续说下去。当然，如果需要你保持沉默时，你也要保持沉默，尤其是对方正处在情绪的高点时，你更需要冷静、耐心地听对方讲完。

真是气死我了，你说他怎么能这样？

就是呀！

如何当一个合格的倾听者

人人都有倾诉的需求，假如想说的话一直憋在心里，内心就会极度难受。把快乐分享出去，你就会拥有双份快乐；把难过分享出去，你的郁结情绪就会减少几分；把生气分享出去，你的情绪就有了出口。可是不管是哪种情况，都需要有一个能时刻倾听我们内心诉求，并给出恰当回应的人。如果我们是那个倾听者，就不能装聋作哑，该回应时就要给出回应，以示你在认真聆听对方讲话，并对他讲的话表示认可。总之，对方找你，他们算是找对人了。

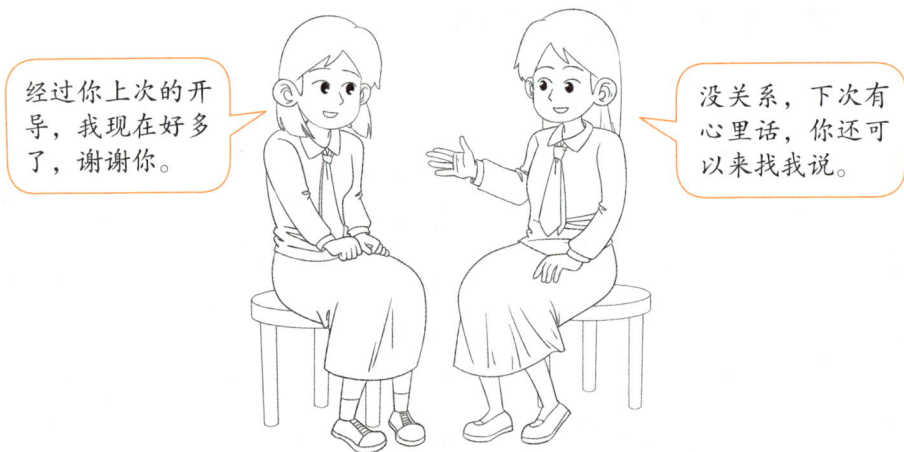

经过你上次的开导，我现在好多了，谢谢你。

没关系，下次有心里话，你还可以来找我说。

被听见的重要性

当你说的话被他人认真倾听时，你会觉得自己受到了重视，反之你会觉得自己被忽视了。一个人是需要被人重视的，否则他会觉得生活缺少了意义。当你将自己的内心感受说与他人听，并得到他人积极的回应时，你会感觉神清气爽，原来这个世界上有与我灵魂相似的人，之前的痛苦就会减轻，快乐就会加倍。当你说出心里的感受，他人却像什么也没听到一样，你是不是会觉得特别失落？这就是被倾听的重要性。只有被他人听见，我们才恍然大悟，曾经的快乐又回来了。

这一天，格林柏先生举办宴会，邀请了卡耐基参加。在这里，他认识了一位德高望重的植物学家。两人简单交谈了几句，卡耐基就对眼前这位生物学家肃然起敬，因为他谈吐不凡、专业知识过硬，卡耐基从中学习到不少植物学知识。在整个宴会的过程中，卡耐基顾不得和其他人打招呼，一心聆听那位植物学家讲解植物学知识。当卡耐基告诉那位植物学家他也有一个小花园时，植物学家还热心地给他提了一些种植建议，让他茅塞顿开。宴会结束时，那位植物学家在主人面前夸赞卡耐基，说他是一个非常幽默、素养极高的人，希望以后能跟他多多来往。事实上，在整个交谈过程中，卡耐基基本上没说什么话，都是保持专注的倾听状态。由此可见，倾听会带给人强烈的满足感，不是其他方式可以取代的。

倾听的技巧

倾听并不只是带着耳朵、心灵去听，还要讲究一定的技巧。首先，你要表现得特别专注，眼睛直视对方，身体略微前倾，只要不是难过的事情，最好面露微笑。其次，在倾听的过程中，一定要耐心地听对方把话说完，不要动不动就打断对方。如果需要你给出回应，你再适时给出回应。再次，你还可以在倾听的过程中简短地复述对方所说的话，对方不仅不会觉得你不礼貌，还会非常感激你，说明你非常关注他所讲的内容，理解了他讲话的意思，交谈气氛也会变得更加和谐。

耐心地倾听，不要随便纠正他人

人们太多只关心自己要说的话，至于别人说什么，他们并没有那么想知道，也不想耐心地倾听。那些愿意用心去倾听他人说话的人，往往在人群中更受欢迎。而那些争着抢着发表自己观点的人，通常更不受人待见。

随意批评他人，指正他人的错误，往往会引起对方的逆反心理。如果一个人重复跟你念叨某件事情，你不要觉得烦，因为他相信你，才会一而再再而三地讲给你听，这时你要保持十二分的耐心，认真听他讲。也许这是他心里的一个郁结，需要找个人倾诉，而他恰好找到了你。

我昨天忙得都没时间吃饭。

我怎么记得你吃了两个包子，还喝了一大碗粥？

如果你是一个善于倾听的人，对方在你面前就会很放松，会特别想要主动跟你说些什么，那么这时你们之间自然就能建立良好的关系。你的倾听会让对方感觉受到了重视和关注，对方自然会给你相应的回报。

乌托从商店买来一件新衣服，可是没过多久，他就气不打一处来，原来衣服掉色，还弄脏了他的衬衣领子。他气冲冲地来到商店，想要售货员给他一个说法。可是他的话还没有说完，售货员就打断他说："这件衣服我们卖出了很多件，你是第一个说它有质量问题的人。"两人当即吵了起来。第二个售货员应声赶到，可是他的说法和第一个售货员相差无几。当他正准备大发雷霆时，商店经理走了过来，他先是耐心地倾听乌托讲完事情的经过，然后站在乌托的立场，驳斥那两个售货员的说法，最后强调说商店的宗旨是一切让顾客不满意的商品概不售出。他征求乌托先生的意见，问他想怎么办。这会儿，乌托先生的心情已经平静下来，说自己愿听从这位经理的意见。最后，事情得到了圆满的解决。

满足他人被倾听的欲望

人人都希望自己被倾听的欲望得到满足，以此缓解压力。比如一个老人，总是向你抱怨他的儿女时常不回来看他；或者一个小孩儿，总是向你倾诉自己的学业压力有多么大；又或者是一个朋友，总是向你埋怨最近工作有多么不顺，同事之间钩心斗角。那么这时，你千万不要觉得自己就是一个情绪的垃圾桶，要认真地聆听他人说话，哪怕一个耳朵进一个耳朵出，但当时你必须保持十二分的专注。倾听是尊重他人的一种表现，也是你获得良好人际关系的前提。

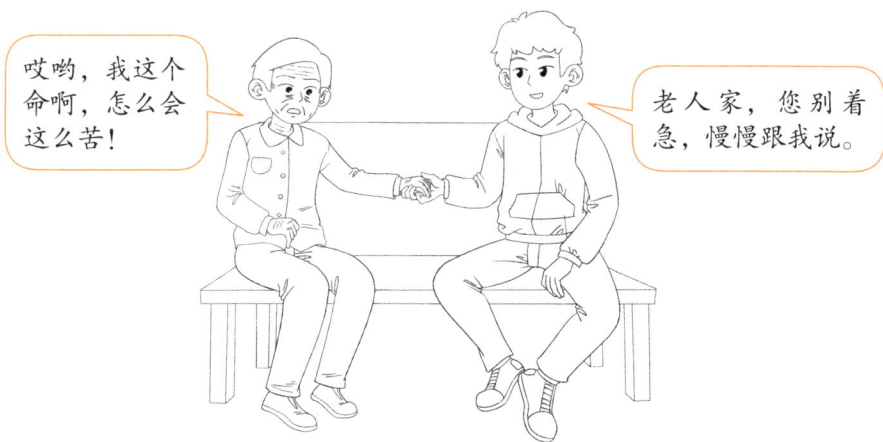

哎哟，我这个命啊，怎么会这么苦！

老人家，您别着急，慢慢跟我说。

让自己受欢迎的关键

你要想更受欢迎，就要学会倾听，这既是对他人的尊重，也是你了解他人的一个窗口。当你对他人足够尊重时，他人必定反过来尊重你。你只有先了解别人，别人才会有兴趣来了解你。当一个人跟你说话时，你不能一直想着自己，要专注地聆听对方讲话，并在合适的时机发表自己的观点，这才是一个有素养的人的表现。即便这个话题你已经听过很多遍，也请你不要表现出不耐烦的样子，如果让对方看出来，你们之间的关系可能就要到头了。

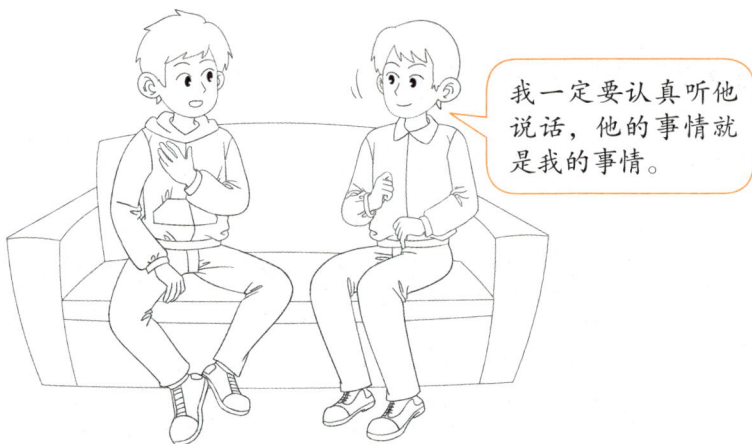

我一定要认真听他说话，他的事情就是我的事情。

学会相互温暖

原本你们之间相谈甚欢，可不知为何，却突然分道扬镳，很大程度上是因为你没有扮演好一个合格的倾听者的角色。当对方选择你当他的听众，那是因为他足够信任你，这是一份宝贵的情谊，是值得我们好好珍惜的。不管对方说什么，你都要用一颗包容的心去倾听，可能你会觉得这样做有些委屈，可是时间长了，对方一定会记住你的好，你也会成为人群中那个最受欢迎的人。人与人之间，一个愿意讲，一个愿意听，这本身就是一个抱团取暖的过程。

一位顾客因为觉得电信公司账单造假，于是在投诉电话中大骂该公司，还声称要把这件事宣扬出去，甚至提起诉讼。电信公司发现这并不是这个顾客第一次投诉，于是决定安排一位调解员去处理这件事情。二人见面以后，调解员请这位顾客先说出自己的问题，自己则扮演一位忠实的听众，并不时附和他。这位顾客整整控诉了三个小时，调解员说自己当时耳朵都快要爆炸了，但他没有发作，一直保持着专注聆听的样子。第一次见面就这样结束了，第二次、第三次依然如此，直到第四次，这位调解员依然保持着一贯的谦和。而此时，这位顾客的怒气也发泄得差不多了，再加上对方态度如此之好，他已经不好意思再继续纠缠下去了，就爽快地支付了自己应该支付的账单。他说这位调解员是他见过的人中服务态度最好的。

心中有他人

很多活得很自我的人，总是觉得自己是天底下最聪明的，自己掌握着世间的所有真理。当他们说话时，根本没有人搭理他们，也没有人会打断他们。因为大家已经非常反感他们的行为，所以根本不会在乎他们说的是什么，这就是他们曾经种下的因，现在所结的苦果。一个人心中不能只装着自己，只顾着自己快活，只想着夸耀自己，还要心中有他人。当他人讲话时，要耐心地倾听，不要动不动就打断对方的讲话，不要觉得自己是最正确的那个。

你的眼里只有自己，每次都在炫耀，我已经听够了。

你怎么不听我把话说完？

　　心中有他人，是一种珍贵的情感体验。在这种心态下，我们愿意倾听他人的心声，理解他们的困扰和快乐，与他们分享彼此的喜怒哀乐。这种关怀和共鸣让我们感受到彼此之间的连接，培养出深厚的友谊和亲情。

　　心中有他人，也意味着我们愿意为他人着想，关注他们的幸福和安全。我们会在他们需要帮助时伸出援手，在他们面临困难时给予支持和鼓励。在"心中有他人"的指引下，我们能够建立起更加丰富、真挚的人生。

第三篇

点到为止，接话要注意分寸

在人际交往中，沟通的艺术至关重要。我们常说："话到嘴边留半句，事到临头让三分。"与人交流时，我们要把握住说话的分寸，点到为止，这样不仅会让他人感受到被尊重，还能给自己保留一定的空间，让彼此的交流更加和谐，这是非常重要的沟通智慧，我们要学习这种沟通技巧，让话语成为连接心灵的桥梁。

弹性表达，掌握好说话的火候

莫扯满蓬风，常留转身地。与人交往的过程中，我们要避免断言或者绝对化自己的观点，给自己留有转圜的余地。这样不仅可以给人留下谦虚谨慎的好印象，而且即使在后续的交流中真的出现"打脸"的情况，这样也能避免尴尬和冲突。

我们在和人交流的过程中，一定要有边界感和分寸感，切忌过度表达。我们要搞明白和对方的关系，不能有越界的言行，否则只会让双方都很尴尬；我们在遣词造句的过程中也要注意，不要过冷或过热，这样不仅达不到好的沟通效果，反而会让人避之唯恐不及。

咱俩真是一见如故，走，上我家去坐坐！

不用了，这也太不好意思了。

把握说话的分寸是一种非常重要的沟通智慧。恰如其分的言语，能够帮助我们建立良好的人际关系，有效地沟通；说话的火候太过，可能会损害信任、破坏沟通，带来冲突和争端。

王海是一家公司的员工，他工作勤奋，但是说话过于浮夸。一天，公司的经理来到他所在的部门视察工作，王海看到了经理就连忙上前打招呼："徐总，您看起来气质非凡哪！"经理听完以后微微一笑，心想：这个小伙子的嘴真甜。王海看经理的反应不错，接着说："您不仅气质好，能力也是一流，公司在您的带领下，业绩节节攀升。"经理听完以后心里更高兴了，连忙回复说公司的发展是大家共同努力的结果。王海更来劲儿了，他继续滔滔不绝地说："您不仅能力好，还低调务实，夙兴夜寐。"这时徐总的脸色渐渐地难看起来，气氛也变得有些尴尬，领导提示他先赶紧工作，王海还在那喋喋不休："上次您在公司大会上的讲话简直精彩绝伦……"他的话还没说完，经理便黑着脸离开了。

说话要符合身份

所谓在其位谋其政，我们在说话的时候要注意自己的身份、地位和立场，既不要托大拿乔，也不要妄自菲薄。职场交际也是如此，尤其是在和领导交流的时候，既不可以瞻前顾后，也不要谨小慎微。我们可以选择适当的时机，委婉地表达自己的想法和需求，但是在表达的时候切忌过分强调自我。当然，委婉并不是让我们没有原则地迁就，我们一定要保持独立的人格，不媚上阿谀，要坚持自己的底线和原则，否则只会让人当作可以随意拿捏的"软柿子"。

哟，今天穿这么整齐，是要去哪儿？

我是你领导，去哪儿还要向你汇报吗？

赞美要适度

人行世间事，分寸最要紧，无分寸之心，凡事难以圆满。美国作家卡耐基曾经说："赞美是人际交往中最美的语言。"每个人都喜欢听到赞美的话，它不仅能让对方感到被尊重和被认可，还能满足自己的内心需求。赞美对于得意的人来说就是锦上添花，对于失意的人来说犹如雪中送炭，是人际交往中的神兵利器。然而，赞美虽好，也需要把握一定的分寸。真诚得体的赞美之词可以让人心情愉悦，而过于夸张的赞美之词只会让人感觉矫揉造作、虚伪尴尬。

你今天用的什么香水，味道真好闻哪！

前段时间过生日朋友送的。

恭维要把握分寸

在影视剧中，听过这样一句台词："谦虚使人进步，恭维让人舒服。"这虽然是一句逗闷子的话，但是它反映的是社会现实。每个人都喜欢听恭维的话，虽然我们往往都在嘴上说谦让，也明白对方有可能只是出于礼貌或客套，甚至是带有某种目的，但还是控制不住，心里乐开了花。然而，恭维并不是越多越好，它也要适度，就如同对饮，最惬意的状态是微醺，宾主尽欢；没完没了地推杯换盏，最后只能让彼此酩酊大醉，败兴而归。

袁枚是清代的诗人和散文家，他20多岁的时候，被任命去某地做知县。临行前，他特地去向他的老师辞行。老师听到袁枚做官了，心里非常高兴，于是问道："当官可是一门高深的学问，你年纪轻轻就做了知县，有什么准备吗？"袁枚毕恭毕敬地说："老师，别的我什么都没有准备，只准备了100顶高帽子，准备逢人就送一顶，毕竟人人都喜欢戴高帽。"老师一听，面色一沉，正色道："为官要正直，心里要有百姓，你怎么还没上任就想这一套？"袁枚马上说："您说得太对了，可是您想，这世间像老师您这样品行高洁，不爱戴高帽子的又有几个呢？"老师听完，立刻转怒为喜。师生告别后，袁枚感慨地说："我准备的100顶高帽子，还没出发，就已经送出去一顶了。"

赞美要真诚具体

赞美是人际关系的黏合剂。查尔斯·施瓦布曾经说："真诚的赞美是人生中最令人愉悦的礼物。"我们在赞美他人时一定是发自内心的自然流露，而不是刻意为之，带有目的性。如果你自己都觉得言不由衷，那么传达给对方的一定是一种不舒服的感受。同时，我们也要注意夸赞别人的时候要基于事实，同时要具体化。比如我们夸赞别人："你今天衣服的搭配真的很好看，白色和灰色的叠穿既有创意，还显气质……"这样具体而真诚的夸赞会让人感觉更受用。

好久不见，感觉你看着比之前气色好很多。

真的吗？哈哈，太谢谢你了。

话多必失，接话要懂得含蓄得体

《淮南子》有云："言多伤幸，幸多伤身。"这句话的意思是：话说多了容易出问题，以致言行不一，品行受损。我们在人际交往中也是如此，要学会适度地控制自己的言辞，要重质量和表达，说得多不如说得少，说得少不如说得好。

社交必然会有利益纠葛，人性复杂多变，如果我们知无不言，言无不尽，一旦被别有用心之人加以利用或恶意渲染，就会产生很坏的影响。俗话说："画虎画皮难画骨，知人知面不知心。"说话有所保留也是一种自我保护。

我这个人就是实在，每次跟人说话都掏心掏肺。

逢人只说三分话，未可全抛一片心哪！

"慎言则少过，寡悔则多福。"与人交往要记得谨言慎行，尽量少说，这并不是让我们对他人欺骗或隐瞒，而是要把握好说话的分寸、尺度，不要过于坦白和冲动，这是一种沟通的智慧。

《红楼梦》中有一句大家耳熟能详的判词：机关算尽太聪明，反害了卿卿性命。这句话放在三国时期的杨修身上同样适用。杨修恃才傲物，聪明绝顶，在曹操麾下效力。有一年，为了争夺汉中，曹魏和蜀汉陈兵汉水两岸，战事长期胶着，曹操感觉进退两难。这天，随军的厨子为曹操做了一碗鸡汤，曹操看到汤里的鸡肋，随口感叹了一句："鸡肋呀鸡肋，食之无味，弃之可惜。"这话被杨修知道了，他觉得久攻不下的汉中便是鸡肋，食之无味，弃之可惜，不如暂时撤兵以待来日，于是便自作主张让部队撤退。这虽然给曹操撤兵找了一个台阶下，但也引起了曹操的不满，以往杨修也做过类似的事情，但大都是小打小闹，曹操虽然不快，但尚能忍耐，这次擅自调兵彻底触犯了曹操的逆鳞，于是曹操将他处死了。

言宜慢，心宜善

华夏第一望族琅琊王氏家族出过36个皇后，36个驸马，92个宰相，王氏家训"言宜慢、心宜善"更是被很多人奉为圭臬。我们日常交际中也应该如此，说话之前要先过一过脑子，筛选一下哪些话是可以说的，哪些话是不能说的，什么话要找准时机说才能更有效果，千万不能心里想什么就脱口而出。率真固然可爱，但是一旦被人当作软肋加以利用和攻击，就会给我们带来很多意想不到的麻烦和损失。

你别总什么都往外说，小心被有心人利用。

不会吧，大家都是同事，应该不会被人利用吧？

说话要随机应变

俗话说："到什么山上唱什么歌，到什么地方说什么话。"我们在人际交往中，说话也要学会随机应变，但是不管怎么变，原则都不变。我们讲话的出发点是善意的，追求的结果是双赢的。社交不是辩论赛，说话含蓄、点到为止，不仅能展现出说话人自身的个人气度修养，也能更好地达到社交的目的。言辞犀利、口若悬河、夸夸其谈，很容易引起他人的反感。"好言一句三冬暖，恶语伤人六月寒"，在说话的时候我们一定要把握好分寸。

小时候的事就别说了。

许久不见，你变化真大，我还记得你小时候的糗事呢！

说话要委婉含蓄

直言不讳，谓之直；婉转而言，谓之曲；曲则全，直则枉。与人交流沟通，我们要记得说话一定要委婉含蓄，这样才能让人更容易接受我们的观点和意见，尤其是涉及尴尬或者敏感的话题时，委婉含蓄不仅可以让对方感受到被尊重，保护对方的自尊和隐私，还给双方留下了转圜的余地。直来直去虽然能不拖泥带水地表达自己的观点，但是会带给对方生硬强势的感觉，很可能会引起对方的反感，导致沟通不欢而散，与我们社交的目的背道而驰。

媛媛是一名书店的员工，她工作认真热情，说话也温柔含蓄，大家都很喜欢她。一天，店里来了一个精神矍铄的老人，一直在翻阅一本书法方面的专著，媛媛连忙上前询问："您好，请问您是对这本书感兴趣吗？这本书收录了很多名家的作品和解析，非常值得一看。"老人听到以后说："你说得对，书的确值得一看，但是我的书法已经很久没有进步了。"看到老人略显落寞的表情，媛媛连忙说："您可千万不要这么想，书法是一门日积月累的艺术，厚积薄发，也许这本书就能带给您一些灵感呢！"老人听完以后，眼里亮起了光芒，说："是呀，你说得太对了，也许我有生之年还可以在书法上更进一步呢！"说完以后，老人轻轻地合上了那本书，结完账以后，满面笑容地带着那本书回家了。

说话前要三思

语言的力量是巨大的，它既可以建立关系，又能摧毁一切。托尔斯泰说过："凡是你不愿写下来并签字负责的事情，就不要说。"我们在人际交往中也是如此，未知全貌的事情不要捕风捉影、妄加评论，即使知道全貌，说话也要委婉含蓄，避免说出伤害他人自尊和情感的话，也不给别人伤害我们自尊和情感的机会。管好自己的嘴，说话前三思，这个社会以讹传讹、三人成虎的事情层出不穷，因此产生的悲剧也数不胜数。所以我们要学会说得体的话，谨防祸从口出。

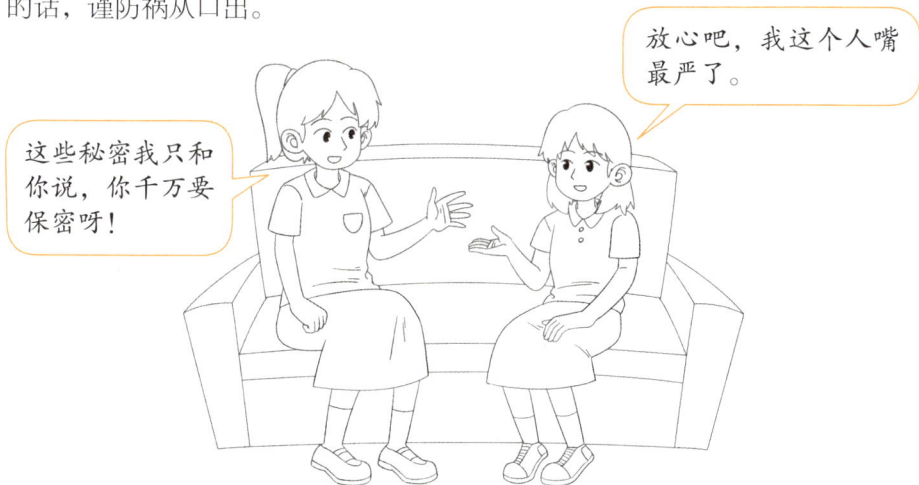

放心吧，我这个人嘴最严了。

这些秘密我只和你说，你千万要保密呀！

点到为止，把话说到对方心坎上

> 俗话说："吹笛要吹到眼儿上，敲鼓要敲到点儿上。"我们在人际交往中，要想打动别人的心，获得对方的认同和支持，就必须说能够抓住重点节奏和时机把握得当的话，言之有物。这时候就需要我们掌握"点到为止"的原则。

《孙子兵法》中说："知己知彼，百战不殆；不知彼而知己，一胜一负；不知彼不知己，每战必殆。"在人际交往中也是如此，我们要想把话说到对方的心坎上，就必须要先去了解对方，投其所好，有的放矢，这样我们与对方之间的沟通才会更高效、更有针对性，从而达到更好的沟通效果。

你家狗狗太可爱了。

我也这么觉得。

《鬼谷子》云："口者，心之门户，智谋皆从之出。"人的智谋策略都要通过语言来表达，说话的水平会直接影响到我们行事的结果，甚至会改变我们人生的走向。因此，我们一定要加以重视。

美国柯达公司的创始人伊斯曼在成为巨富之后，每天的生活都被工作填满，没有任何空闲。有一次，他们公司进行招标，很多厂商都来参加竞标，但他实在是太忙了，根本没有时间理会他们，很多人不得不放弃。其中有一位叫亚当森的人虽然屡屡碰壁，却依然前来拜访，希望得到这笔生意。亚当森在见到伊斯曼之后，伊斯曼正埋头于一堆文件中，于是亚当森便开始仔细地观察他的办公室，等他忙完之后，亚当森便开始称赞伊斯曼办公室的设计很有品位，伊斯曼听完以后想起了自己当时装修这个房间的时候发生的很多事，话匣子一下子就打开了，他和亚当森分享了很多自己的故事，亚当森听得津津有味，不时发出由衷的称赞，两个人相谈甚欢，相约一起共进午餐，最终亚当森顺利地谈成这笔生意。

学会提供情绪价值

几乎人人都会说话这项技能，但并不是人人都能掌握说话的技巧。与人交往，要想说出触动别人心弦的话，就要细致地观察，认真地思考，捕捉对方内心深处的情感需求，提供足够的情绪价值，在交流中让对方感受到尊重、理解和真诚，这样才能更快地拉近彼此的内心距离。我们可不要小看情绪价值，一个人如果能提供给他人情绪价值，就可以很快地同他人建立起亲密和谐的关系，由此转化为各种机会、资源，甚至是真金白银，对我们个人的成长和发展大有裨益。

　　我们在生活中都有和亲朋好友谈心的经历，这原本应该是轻松愉快的交流沟通，有的人却总能搞得不欢而散。究其原因，还是没有把握好谈心的技巧。与人谈心便要摆正位置，学会尊重，说话要有边界感，点到为止，不能说出伤害对方自尊的过激言语，马后炮、上帝视角和好为人师等表现也都要被我们摒弃。谈心要注意言辞，即使真的要提意见，也要使用委婉含蓄、风趣幽默的语言，点到为止，让人更容易接受，轻松地化解问题和尴尬。

> 你现在还小，遇到不明白的事情，可以多和爸爸妈妈沟通。

> 放心吧，妈妈，我会找你们谈心的。

己所不欲，勿施于人

　　《论语》有云："我不欲人之加诸我也，吾亦欲无加诸人。"在人际交往中，沟通的艺术和道德的准则常交织在一起，形成一种社交的独特规则。点到为止的沟通就是要我们学会尊重和理解他人，不过分地谈论涉及他人隐私或者敏感的话题，把握好说话的分寸，既不浅尝辄止，也不过分深入。交谈过程中即使对方和我们意见相左，也不过分批评和指责对方，学会尊重差异，包容不同意见，这样不仅有助于我们进行良好的沟通，还能促进双方共同成长。

　　西汉初年，天下初定，汉高祖刘邦开始论功行赏，群臣对谁应该是头功争论不休，刘邦内心属意萧何，于是便力排众议，给萧何封地和爵位。萧何一时风光无两，众臣虽然心有不满，但也没有再说什么。到了朝堂排位的时候，大家都推举战功赫赫的曹参排第一，但是刘邦迟迟没有做出定夺，这时善于观察的鄂君看出了刘邦的心思，就对群臣说："曹参虽然战功赫赫，但是国家危难之时，萧何多次挺身而出护卫陛下，没有陛下，曹参的战功又从何说起；没有萧何的屡次救援，我们的军队可能早就不复存在了，曹参还怎么立功？所以，我主张萧何第一、曹参第二。"短短一席话，既恭维了萧何，又说出了刘邦的真实想法，刘邦听了以后十分高兴，对他又是加封，又是赏地。

说话要有所保留

在人际交往中，说话的艺术不仅体现在行动上，更体现在言语中。我们常常被教导要坦诚相待，言无不尽，这只是一种理想的状态。现实中如果我们毫无保留、直言不讳，就会给我们带来很多的麻烦和伤害，所以我们要学会有所保留，点到为止。同时，说话对象和说话情境不同，我们的表达方式自然也不同。如果只是泛泛之交，我们谈论得过于深入会显得我们冒昧和鲁莽。话题如果涉及他人，我们不清楚对方的观点和立场，妄加评论则容易得罪人。

咱们两个是朋友，你有话直说就好了。

正因为是朋友，我才更应在说话时注意你的感受。

真诚一点儿，说出口的话要真实

北宋理学家杨时说："诚无不动者，修身则身正，治事则事理。"真诚拥有巨大的力量，在人际关系中，真诚胜过千言万语，它能帮助我们建立和增进人与人之间的关系，化解和消除矛盾、误会。这是我们立足社会的根本，也是我们不可或缺的珍贵品格。

凡是具有好口才的人，都善于发现他人的闪光点并且不吝赞美。每个人都渴望被赞美和肯定，我们日常生活中总听到一句话："千穿万穿，马屁不穿。"但是懂得夸赞他人的人都不会这么夸张，他们会发自内心地给予别人真诚的赞美，语言适时适度，落点具体明确，让人觉得很受用。

> 你说我穿这件衣服好看吗？

> 当然好看了，你身材这么棒，穿什么都好看。

人际交往贵在真诚，要想让我们与他人的友谊之树常青，就必须时时用真诚去浇灌。所谓的真诚，不仅仅体现在言语上，更是发自内心的，由内而外散发的真诚才能真正打动人心。

春暖花开，天气晴朗，莉莉组织朋友们一起去郊外踏青，这次就连不爱参加集体活动的莹莹也参加了，并且给大家准备了她亲手烤的各种小点心。

到了用餐的时候，莹莹拿出来的点心让大家眼前一亮。莉莉对莹莹说："莹莹，你真是深藏不露哇，做的点心这么好吃，尤其是这个巧克力慕斯，甜度适中，入口即化，你不说我还以为你是在蛋糕店买的呢！"莹莹听了，面带羞涩地说："你过奖了，大家喜欢就好，有机会我再做给大家吃。"莉莉说："点心这么好吃，我们一定会再给你机会让你做的！"大伙听了都笑了起来，气氛非常欢乐，整场聚会下来，内向的莹莹变得活泼了起来。聚会结束后，莹莹给莉莉发了一条信息："莉莉，感谢你的肯定，让我度过了愉快的一天。"

诚实能带来财富

康德说过："诚实比一切智谋更好，而且它是智谋的基本条件。"不管是在人际交往还是商业竞争中，诚实都是一种大智慧。它能为我们赢得他人的尊重和信任，提升我们的信誉度，这是千金难换的无形财产。有了好名声，我们的所有智谋才有得以施展的基础，从而获得长远的发展。反之，如果一个人谎话连篇、虚情假意，也许能伪装粉饰一时，但是路遥知马力，日久见人心，他总会有被人识破的一天，到时候等待他的一定是信誉破产、一败涂地的下场。

与人相处可真是一件麻烦事。

诚实是最好的策略，你真诚待人，别人也会真诚待你。

赞美要具体化

在人际交往中，人人都喜欢听赞美的话。但是赞美的话也不是无往不利的，只有使用得当，它才能发挥最大的作用。我们在夸赞别人的时候，一定要学会将赞美具体化，这样可以让对方感受到我们发自内心的真诚和关注。每个人都是独立的个体，所以每个人也必然期待自己在他人心中是独一无二、与众不同的。具体化的夸赞还能让对方看到自己的闪光点，感受到自己的价值所在，这种对自我价值的肯定通常能激励人更加努力，从而形成一种良性的循环。

言语要真诚

对人以真诚，人不欺我；对事以真诚，事必能成。真诚是言语的灵魂，是心灵沟通的桥梁。在我们与人交谈的过程中，如果我们态度诚恳，对方是可以感受到的，这时候我们传达出来的信息会让人感觉更信服、更有温度，对方才会愿意和我们建立联系。反之，言语中没有了真诚，不管怎么舌灿莲花，也只会让人感觉虚伪、敷衍，甚至毫无意义。真诚待人不仅是对我们自己的尊重，也是对对方的尊重。所以，我们日常的言谈举止也要保持真诚这个珍贵的品质。

有一天"化妆品女皇"玫琳凯去海边游玩，她看到一个面带忧愁的女孩儿，女孩儿久久地望着大海，不停地流眼泪，这让生性善良的玫琳凯十分担心。她主动上前去和女孩儿打招呼，但是情绪低沉的女孩儿并没有理会她。玫琳凯说："也许你现在遇到了什么难过的事情，你可以说给我听，说出来也许你的心情会好一点儿。"女孩儿听了以后，情绪彻底崩溃，大哭着向玫琳凯讲了自己刚刚失恋的事情，玫琳凯听完以后，温柔地安慰她："失恋也是人生宝贵的经历，你这么漂亮，这么优秀，一定会有更好的男孩儿在前边等你。所以，不要再哭泣，漂漂亮亮地去迎接新生活吧！"女孩儿听完以后，情绪渐渐平静下来，她从玫琳凯真诚的关心和赞美中又看到了生活的美好。

赞美要有针对性

世界上没有两片相同的叶子，也没有两个相同的人。所以在与人交流的过程中，赞美他人的话也要有针对性和唯一性，这样才能更好地取得夸赞的效果。每个人都有自己区别于他人的特点和魅力，如果我们能看到他人的与众不同，对方一定会感觉受宠若惊。如果我们再对这种独一无二加以赞赏的话，对方会觉得更加受用。我们在选择赞美之词时也要有针对性和唯一性，避免过于笼统和陈词滥调，这样对方才会感觉更真诚可信，更有利于彼此增进关系。

您穿这件衣服真合适，像专门为您量身定做的一样。

谢谢你，这件衣服我要了，帮我装起来吧！

适当沉默，才能避免言多必失

克莱尔曾说："说话是银，但沉默是金。"在人际交往中，过度的言语不仅会消耗我们大量的精力，还会给我们带来麻烦和误解。所以，我们要学会适当的沉默，这样不仅有利于我们思考，还能避免我们因为冲动而失言。

沉默，有时候比语言更有力量。在人际交往中，面对复杂的问题或者重要的决策时，适当的沉默能给我们留出来足够的思考空间，帮助我们更深入地思考问题，做出更明智和负责任的决定。同时，它还能在我们紧张的时候为我们提供冷静下来的时间，避免我们做出一些过激的行为。

> 嗯……学会沉默。

> 爸爸，人在学会了说话之后，还要学什么吗？

万言万当，不如一默。人外有人，天外有天，如果我们总爱高谈阔论，喋喋不休，是非常容易暴露自己的缺点和浅薄的。适当保持沉默能帮我们避免失言，还能趁机多向其他人学习。

尹成是一名广告设计师，最近他刚刚跳槽到了一家新公司。部门领导这天组织大家聚餐，当作欢迎他的仪式。席间，大家谈起了工作的话题，有同事就向尹成提问："听说你之前的上司是大名鼎鼎的设计师林凡，跟她在一起工作是不是收获颇多呀？"尹成说："哎哟，她也就是名气大而已，跟她一起工作特别沉闷，她总是摆着一张脸，而且我觉得她的创意有点儿过时了，就像前阵子投放的那个广告……"尹成滔滔不绝地发表了一番他的"高见"，大家都感觉特别尴尬，尤其是领导的脸色更是不太好看，因为这位新领导的管理风格也同样是比较严肃的。这时就有一个同事赶紧转移了话题，气氛才稍微变得热络一点儿。但是从此以后，大家都自动和尹成保持一定的距离了。

善意的谎言

真正的智慧不在于多言，而是在于知道何时沉默。在人际交往中，不管谈话对象是谁，都要学会有所保留，适当沉默，有所言有所不言。适当沉默和有所保留有时候是一种自我保护，避免自己因为失言引起麻烦和误会，有时候也是对对方的一种爱护，有时候真相说出来会让人感觉沮丧和痛苦，在不违背原则和底线的情况下，我们可以说一些无伤大雅的"善意的谎言"，对我们自身没有任何损害，还能取悦对方，何乐而不为？

年纪大了，感觉自己不如年轻的时候了。

怎么会？在我心里你和几十年前一样漂亮。

说话要经过深思熟虑

我们经常听到一句话："饭可以乱吃，话不可以乱说。"我们在人际交往中，一定要学会根据场合、对象等的不同适当地调整我们的语言，因为可能同样的话在不一样的交谈场景中就会产生完全相反的作用，同样的话在不同的人听来心理感受也不大一样。不能心里想什么就直接脱口而出，不经过大脑。这样非常容易与人发生矛盾。我们要学会适当保持沉默，说话之前深思熟虑，确保自己言之有物，观察对方的反应和情绪，这样才能避免矛盾和尴尬的发生。

我这个人不太会说话，这可怎么办？

你可以多观察、多听、多思考，并且要适当保持沉默。

适当沉默是一种智慧

"言而当，知也；默而当，亦知也。"在与人交流的过程中，言语得体是一种智慧，适当的沉默也是一种智慧。很多人都听说过苏格拉底的三个筛子的理论：第一个筛子是真实，第二个筛子是善意，第三个筛子是重要。在你想说话的时候，把这些话先在自己的心里过一遍筛子，就知道这些话是否要说出来了。这个故事也是在提醒我们要学会适当地保持沉默，说话之前三缄其口，这样不仅能帮我们避免很多问题，还能给其他人稳重可靠的感觉，为我们赢得好人缘。

晓安是一名很有创意和想法的建筑师，但是她的性格内向，不爱表达，因此在工作中一直不被重视。

有一次，公司接到了一个大项目——设计一个地标性建筑，公司所有的员工都可以参与比稿。对所有人而言，这是一个绝佳的机会，一旦抓住，便可以在行业内崭露头角。大家都跃跃欲试，晓安不像其他同事那么高调，但是也在每天默默地收集资料准备着。每次开会，她都默默地坐在会议室的角落里，认真听取大家的发言，一旦有任何灵感，她都赶紧画下来。客户定稿的日子终于来了，晓安的创意在一众稿件中脱颖而出，客户称赞她的创意非常前卫，细节处理也非常到位，当场便拍板定下来用她的设计图了。一直默默无闻的晓安一下子受到了很多的关注，同事们都对她赞不绝口。

沉默也是一种反抗

适当沉默是一种高明的沟通智慧，与人交往的过程中，不可能总是一帆风顺的。当发生矛盾或冲突的时候，适当的沉默能够帮助我们争取到宝贵的思考时间，以便调整应对策略，避免因为情绪激动口不择言而加剧冲突。同时，适当的沉默也是一种无形的反抗，就像我们在生活中与人发生争吵，如果一个大喊大叫，一个冷处理，是不是前者会有一种一拳打在棉花上的感觉？当然，这种沉默的智慧并不是一朝一夕可以获得的，它需要我们在不断地学习和实践中累积。

我这个人不太会说话，还请您以后多多指教。

没问题，慢慢来，不用太紧张。

留有余地，不要把话说得太满

"满招损，谦受益。"做人和说话都是同样的道理，话说得太满、太绝对，就会把自己的后路给堵死，一旦失言，便没有转圜的余地。所以我们在言语表达时要保持谦虚和谨慎，避免太过自信和绝对，以免因为言辞不当而陷入尴尬的境地。

古语有云："事不做尽，话不说尽，福不享尽。凡事在不尽处，意味最长。"世事无常，万事不到最后一刻都存在变数，话说得太满，一旦出现任何变数，以子之矛攻子之盾，我们所说的话就会变成"打脸"的证据。这不仅会影响我们的个人形象，还可能会破坏双方好不容易建立起来的关系。

对不起呀，上次答应你的事情我可能没办法做到了。

你怎么这样啊，做不到就别答应，耽误我时间！

俗话说："世事如棋局，不测风云变。"世间万事万物无时无刻不在发生着变化，没有什么事是绝对不变的，所以我们说话也要根据变化有所调整，不能过于绝对，不要高估自己、低估无常。

孟秋是一个程序员，他工作勤奋努力，力争上游。有一天，公司接到了一个非常重要的项目，需要短期内搭建一套比较复杂的系统，正在经理不知道安排给谁，一筹莫展的时候，孟秋主动请缨，并再三保证自己肯定能完美地完成这项任务。

然而事情的进展不如孟秋预料的那么顺利，客户催得十分着急，再加上本身系统也较为复杂，就是孟秋这样的代码高手也得天天加班加点，到交付期限才勉强完成，整个人疲惫不堪。然而，虽然如期交付，但是客户使用过程中发现了好几处系统漏洞，体验感很差，孟秋也因此被公司的领导狠狠地批评教育了一顿。以后再有这种重要的项目，经理也不会让他参与，孟秋感到十分后悔，就是因为自己当初话说得太满，才失去了领导宝贵的信任。

留有余地能维护信誉

某网站上曾有人提问："如何看待说话太满的人？"其中一条高赞回答是："没经验，不聪明，不靠谱。"在职场中，事情发展受多种因素影响，很多时候不能朝着预期的方向发展，如果我们给自己留有余地，话不说太满，就会给人留下谦虚谨慎的好印象，一旦有任何变动，也能随时调整自己的应对策略，给自己争取更多的时间和机会。也许有人会说："机会难得，不一口答应下来，万一错失岂不可惜？"机会失去了还可以再等，而个人信誉一旦崩塌便很难重建！

抱歉，这项工作我还需要两天才能完成。

你当初可不是这样答应我的！

说话留余地是社交策略

在人际交往中，说话留余地是一种非常重要的沟通智慧和社交策略。事物总是处于不断发展变化中，如果我们把话说得太满，一旦发生变化，我们便不能从容应对，如果我们能够控制自己的言辞，便会给双方都留下转圜的空间和余地，不至于造成尴尬。答应别人帮忙也是如此，如果话说得太满，很容易让他人对我们的能力产生误解并拉高对方的期待值，一旦期待落空，对方就会认为我们是不靠谱的人，即损害自己的信誉，又打击对方的情绪。

求求你了，你就帮帮我吧！

我可以试试看，但如果做不到，你也别怪我。

助人也要言语谨慎

社交的本质是互帮互助，面对别人的求助，在自己没有把握的情况下，不要答应，要学会委婉地拒绝，千万不能打肿脸充胖子。即使有把握的事情，也不要满口答应，学会给自己留有一些余地，使用"我尽量""我努力"这样较为保守的语言，降低对方的心理预期。如果能成功，则是一种惊喜，即使事情失败，对方也不至于心理落差太大。如果满口答应对方，一旦出现问题，便会产生巨大的心理落差，甚至心生怨恨。我们要学会规避风险，以免费力不讨好。

刘毅是一家公司的高管，他能力出众，情商也很高，深受大家的喜爱。因此他经常会收到一些邀请或者求助。

有一天，刘毅参加同学聚会，许久不见的同学推杯换盏，酒过三巡以后，组织者王华向刘毅发出了合作的邀请，想让刘毅和自己一起创业，他觉得以刘毅的才干，跟他一起创业会让他如虎添翼。然而刘毅目前并没有创业的打算，在这种公众场合又不能驳同学的面子，让对方下不来台。于是，他笑着对王华说："你的提议的确很令人心动，但是我现在的工作太忙了，我需要时间好好考虑一下。"王华听了以后表示愿意给刘毅时间好好考虑。聚会结束以后，刘毅没有主动联系过王华，也没有在后续的聊天儿和聚会中再提到这件事，王华也就明白了刘毅的真实想法。

满招损，谦受益

在日常生活中，如果我们总是把话说得太满，就会给人留下爱吹牛的坏印象，个人的信誉会受到损害。我们要保持谦虚和务实的行事风格，不管是待人还是接物，都不要把话说得太满，给自己留一些回旋的余地，避免尴尬和失言。这不仅是对他人的尊重，也是对自我的保护。与此同时，当我们不把话说得太满的时候，也容易留给对方更多的思考和表达的空间，从而增进我们彼此的了解和信任，促进我们之间更有效的沟通。不管在什么情况下，我们都要学会掌控自己的言辞。

他每次都是说的比做的好听。

是呀，有这时间还不如做些实际的。

杜绝自来熟，即使闲谈也要有尺度

在人际交往中，直接切入主题会给人一种生硬的感觉。为了更好地拉近彼此的关系，我们会找一个相对轻松的话题来开始我们的谈话，这就是寒暄。它能帮助我们打破僵局，缓解气氛，为后续的深入交流作铺垫。

在我们的日常工作中，不可避免地会和同事闲聊到工作以外的其他话题，这虽然可以增进彼此的了解，但也要注意把握好尺度。在和同事的交流过程中，一定要有边界感，切忌谈论涉及个人隐私和工作机密的话题，同时也不要聊起来忘乎所以，给人一种无所事事的感觉。

在与人沟通和交流的过程中，我们要遵循尊重对方感受的原则，通过观察对方的反应来调整沟通的尺度，找到一个双方都舒适的平衡点，恰到好处地表达自己的意愿，达到社交的目的。

可可是一个北漂，最近她刚刚搬到了一间新房子，和一个叫萌萌的姑娘一起合租。现在的住处比以前要宽敞，离公司也更近了，可可的心情却一点儿也好不起来，她已经被这个自来熟的室友搞得不胜其扰。

从踏进房子的那一刻起，萌萌就像调查户口一样问各种问题，老家哪里，单位在哪儿，父母的职业，个人收入，统统都要问一遍，可可虽然感觉尴尬与唐突，但还是回答了她的问题。萌萌热情地对可可说："以后大家住在一起，要互相照应。"从此以后，可可下班以后的平静生活被彻底打破了，萌萌总是过来敲门，不是借东西，就是邀请她出来一起看电视，有时候还要听她讲一些自己不感兴趣的家长里短。现在可可一听到敲门声就感觉非常厌烦，她决定房租到期后赶紧逃离。

自来熟不代表高情商

在社交场合中，自来熟能够很快地和他人熟悉起来，这是他们的优势，但是这并不代表自来熟的人就一定是高情商的人。以一段关系建立的速度来衡量一个人的情商本身就是一种武断的行为。自来熟虽然能很快地和他人变得熟稔，但这并不代表他们的性格一定是完美的，在后续的交往中他们也同样会暴露自己的短板。科学研究表明，自来熟性格偏自我，这在人际交往中属于低情商的表现。所以，每种性格都有各自的优点和缺点，情商的高低不能一概而论。

我这个人自来熟，你不会介意吧！

呵呵，我还好。

闲谈要注意尺度

在人际交往中，闲谈是一种常见且复杂的现象，它就像是一把双刃剑，既能够活跃气氛、促进交流，也容易制造矛盾、破坏和谐的气氛。为了扬长避短，我们需要把握好闲谈的尺度。在闲谈的过程中，我们要正心正念，不要试图去挖掘他人的隐私，也不要去做捕风捉影的"长舌妇"。闲谈虽然是为了放松，但是也不能放飞自我，口无遮拦，说话前也需要三思，一旦言行过激，轻则败坏人缘，重则触犯法律。所以我们一定要把握好尺度，多留口德。

> 我刚才说的话不是有意的，你别往心里去。

> 你明知道我介意，为什么还要说？

闲谈要有度

凡事都要掌握好对于"度"的把握，我们常说过犹不及，一旦失去了对"度"的把握，事情就会朝着我们意想不到的方向发展。闲谈和倾诉亦如此。不管和谁交往，都不要做社交场上的"祥林嫂"，虽然短期内可能会引起他人同情，时间一久是非常容易让人感觉聒噪、厌烦的，甚至让人避之唯恐不及。闲谈也是如此，把握好分寸和尺度，不要话匣子一打开便滔滔不绝，要控制自己的表达欲，做到言简意赅、言之有物，这样才能实现愉快的交流。

张成是一个热情开朗的年轻人，也是一个自来熟。刚进公司没两天，他便自告奋勇地帮同事打下手，有时甚至未经同意便接听同事的私人电话。起初，大家都对他的行为非常感激，但是渐渐地大家就感觉不舒服了，因为他甚至未经同意就擅自更改他人的设计或者发言稿，这让大家感觉非常困扰。

有一次，公司举行一个重要的会议，原本负责这个会议的吴萌打开会议的幻灯片以后，整个人倒吸一口凉气，她发现幻灯片被人做了大幅度的更改，询问以后才得知这是张成干的"好事"。幸亏有备份，这才没有惹出大麻烦，但是吴萌也因此不再和张成多说一句话。

不仅如此，张成还毫无边界感，经常探听同事的隐私，对他人的生活指指点点，渐渐地，他在办公室就被边缘化了。

闲谈也要守规矩

没有规矩，不成方圆。闲谈也是如此，需要我们遵循一定的规则。首先，闲谈与所有的沟通一样，必须建立在互相尊重的前提下，我们与人闲谈一定要尊重对方的意愿，不去触及对方的隐私，避免引起尴尬；其次，在闲谈中情绪要稳定，管好自己的嘴，避免偏激的言语；再次，闲谈莫论人非，要留口德，不在他人背后说三道四；最后，我们还要有风度，即使对方有言语欠妥的地方，我们也要友好宽容，不嘲笑讽刺。只有这样，闲谈才能给我们带来快乐和轻松的感觉。

通过聊天儿，我感觉你这个人特别有风度。

谢谢你的夸奖。

　　虽然闲聊常被视为轻松愉快的交流形式，但也需要遵循一定的礼仪规范。在闲谈中，我们应当尊重他人的立场和感受，避免涉及敏感话题或引发不必要的争论。同时，保持适度的礼貌和谦虚，不轻易打断他人发言或妄加评论，以维持良好的交流氛围。

　　此外，闲谈也应当注意时间和场合的选择。在正式场合或工作环境中，我们应当尽量避免过多的闲聊，以免影响工作效率或给他人带来不便；在休闲场合，我们可以更加随意地进行闲谈，但同样要注意不要打断他人的休息或违反社交礼仪。

　　因此，无论是在何种场合，闲谈都应当符合基本的礼仪规范，以促进和谐愉快的人际关系。

第四篇

精准表达，接话要一语中的

人们常说表达要尽量做到"言简意赅，一语中的"，语言表达的准确性和精确性在日常生活中至关重要。用恰到好处的话语，精准地表达自己的核心思想，传达自己需要表达的信息，使他人能够迅速理解我们的意思，是我们在沟通交流中必须要学会和做到的。

语言精练，没人想听冗长的话

冗长的话，就像是蜿蜒曲折的小路，能够走到目的地，却拖慢了我们行进的速度，消磨着我们的意志力，常常使人陷入疲倦。而简单精练的语言，则像是一条笔直的高速公路，能让人轻松直达希望去的地方

当讲话者使用冗长、啰唆的语言时，很容易让听者感到厌烦并失去兴趣，注意力难以集中。同时，冗长的话语往往缺乏重点和清晰度，即使已经花费大量的时间阐述细节，也不一定能明确地表达出核心观点或意图，导致听众难以理解和记住关键信息。

我说了这么多，你可以给点儿建议吗？

你说话太啰唆了，我根本抓不住重点。

冗长的讲话会消耗更多时间，消磨人的精力，并极大地降低沟通效率。在现今快节奏的工作环境中，这可能给人留下不佳的印象，从而导致我们错失重要机会或延误决策。

马克·吐温曾在做礼拜时听一位慈善家的演讲，那位慈善家并没

有很大的名气，但他真诚的话语非常具有煽动力，让马克·吐温也不禁想要为他的慈善事业提供帮助，希望能使更多的人受益。但很快，马克·吐温的想法发生了变化。原来这位慈善家在表达完自己的理念后，又再次以不同的话阐述起自己的想法，而这些话语的中心思想和他几分钟之前说的没有任何区别，仅仅是语句排列的不同而已。这让马克·吐温觉得有些不喜，他不耐烦地去重复听同一件事。于是，他决定减少自己资助的财物。令他没想到的是，这个慈善家滔滔不绝地讲了一个多小时，马克·吐温听得厌烦，却也不能转身离开，这让他大为恼火，直接放弃资助这个慈善家，并决定以后都不再资助他。

说话不要太啰唆

没人愿意听冗长、繁复，几乎没有重点的话。冗长、啰唆的讲话可能会让讲话者在听众心目中的形象受损。他们可能会被认为是不够专业、缺乏自信或无法有效沟通的人，从而影响个人信誉和职业发展。同时，冗长的话语往往由于不够简单明了而容易出现歧义，不同的理解方式可能带来许多误解，从而导致沟通失败或产生不必要的冲突。所以语言上的精练简洁、易于理解，是我们在与人沟通的过程中尽量要做到的。

我有些话想要和你说，可能要耽误你一些时间。

那就长话短说吧！

不要说太多废话

高尔基和朋友聊天儿时也曾谈论这个问题。他认为，如果一个人在表述时总是有很多废话，这就证明，他对于自己的想法其实并没有足够的了解，他自己也不清楚自己应当说什么。他的朋友在听过之后，也对他的观点表示了赞同。当一个人自己都不清楚自己真正想法的时候，他的迷茫就已经在他的言语间展露得淋漓尽致，用这样的语言去和人进行交流，又怎么可能让别人理解呢？

言简意赅

要想做到足够"言简意赅"，其实并不是太过困难的事。在开口之前，我们需要先明确自己想要传达的核心思想和这次沟通的目的，这有助于聚焦重点，避免离题和冗长的话。在表达之前，我们可以快速地在脑海中整理一下思路，确保自己的话语有条理性。时间充足的话，也可以先列个简短的提纲，或者做一个清晰的思维导图。在语言上，尽量使用简单句和并列句，避免使用过长、结构复杂的复合句，尽量避免使用重复、对表达核心思想没有帮助的词语。

西汉名臣周勃曾被人诬陷谋反，他的政敌想要将他置于死地，他的朋友想要帮他洗清冤屈，朝堂上一时间争执不下，谁也说服不了谁。周勃作为老臣，曾辅助汉文帝平定吕家乱象，也曾官至宰相，君臣相得益彰，汉文帝看着双方，非常犹豫。薄太后知道这件事后，来见汉文帝，劝他道："从前陛下你实力不强的时候，周勃手握重兵，又有玉玺在手。如果他想要谋反，那就是最好的时机。但他将玉玺完好地交到了陛下手上，辅助陛下执掌朝廷大权，为相多年。如今他已辞官归家，只在自己的封地上生活，他又怎么可能在这个时候谋反呢？没有可以威胁汉室的兵权，没有一人之下万人之上的地位，这样的人谋反，又有谁会信呢？"听了薄太后的话，汉文帝立刻反应过来，赦免了周勃。

精练的语言需要练习

薄太后并没有使用太多复杂的话语进行劝导，而只是让汉文帝去追忆从前与周勃相处的时光，尽量以简单的语言表达出周勃不可能谋反，也没有能力谋反的事实。精练的语言具有令人难以抗拒的魅力，我们想要做到这一点，需要进行大量的练习和反复的揣摩。在这个时候，我们就像是一个园丁，需要认真地修剪枝条，这样才能说出足够简洁精练、易于理解的话语，使我们能够轻松地与人进行沟通。

修剪树枝也是一门学问。

没错，说话也是如此，要把废话像没用的枝条一样修理掉。

言之有序，让表达变得更有逻辑

有些人对自己的想法了如指掌，却往往在出口向人解释的时候犯了难，无法准确地表达自己的意思，从而让人摸不着头脑，无法正确地理解，这大大地降低了生活中人与人沟通的效率。

我们在说话时，往往具备一定的逻辑和条理。或许在年幼刚学话时，我们会将语句的主谓放错位置，甚至重复使用，但随着我们渐渐长大，家长的教导和不断的学习促使我们渐渐学会如何组织语言，正确地使用一句话去表达自己的想法。

妈妈，我，玩具，啊，妈妈！

慢一点儿，把你要说的话想清楚再告诉妈妈，不要着急。

简单有序的表达，能让我们的交流变得更加轻松，没有隔阂与误解。模糊不清、不知所言的话语只会让人觉得疲惫，无法交流。

明朝时期，有个叫茹太素的官员，在给皇帝上奏的时候，常常使用繁复、累赘的语言，或许这显示了他高超的文采，但令看他奏折的皇帝大为恼火。有一次，茹太素为了给皇帝上奏一件事，写了一篇长达一万六千多字的奏折，皇帝听人读了六千多字，都是无关紧要的废话，没有逻辑、条理，更没有重点。皇帝心里的火气再也压制不住了，直接罚了茹太素板子，将他痛骂一顿，才算舒坦。后来皇帝耐着性子让人念完却发现，这样长的一篇奏折，真正用得上的部分，其实只有不过五百来字。经历过这件事后，皇帝直接宣布了一条新的命令：此后所有官员都不许写这样没有重点、没有逻辑的奏折，如果有不照做的，一律治罪。

说话要分清主次

一个人作为国家的官员，不能做到言之有序、有主次之分，这对于一个皇帝来说，等同一场灾难。如果这样的官员太多，人人都将时间花费在这样的事情上，那对于这个国家来说就是一场灾难了。有个女生在知道这个故事后，觉得非常忧虑。因为她在说话的时候，也常常啰啰唆唆，分不清主次，许多人都和她说过这个问题，但她一直没能改掉这个毛病。她的朋友知道她的烦恼后，劝她以后在开口时尽量做到先直击重点。

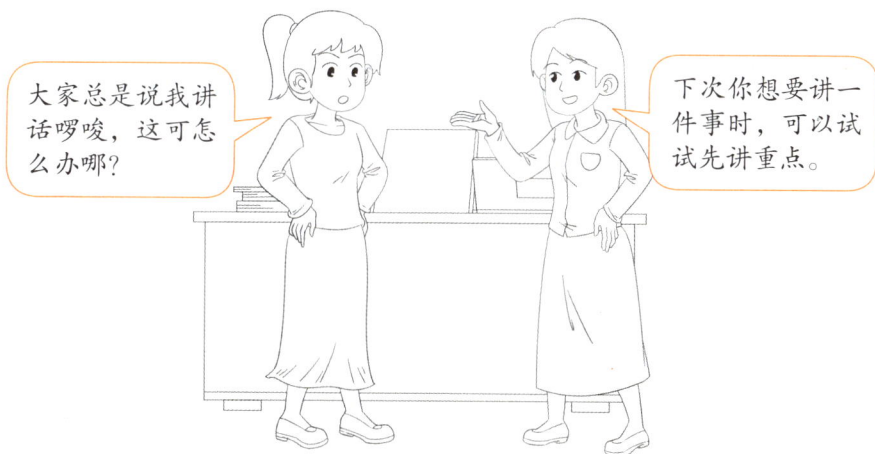

大家总是说我讲话啰唆，这可怎么办哪?

下次你想要讲一件事时，可以试试先讲重点。

明确主题和核心

在开始表达之前，确保我们清楚自己的主题和核心观点，这有助于我们围绕一个中心思想进行有条理的阐述。就像工作时，我们需要给"王总"寄一份文件，使用语言来表达这件事有多么重要，时间有多么急迫，或是应当如何细致地做这样一件事，都比不上简单的一句"请立刻给王总寄出这份文件"。这才是更能让人清晰接收到需求的表达方式，也能最大限度地减少交接时产生的误解。

王总的文件寄出去了吗？

正在打印呢，马上就好了。

言之有序的小技巧

想要做到言之有序、逻辑清晰，我们可以采取一些简单的小技巧。我们可以直接将观点或论据按照重要性或逻辑顺序安排在话语的主体部分，让自己的思想清晰可见。我们还可以使用恰当的转折词和连接词，或是使用一些事例来对话语进行补充，但要避免堆砌信息，使人产生厌烦感。其中，类比法是我们经常使用，且效果十分不错的一种方式，通常被用来作为类比的事物，与我们所说的事物有一定的相似性，却又能给人新鲜感，这能极大地提升他人的专注力。

许多年前，一些人认为女性在数学上有着天然的劣势，在对待女数学家时，他们更有一种高高在上的姿态，这让女性往往需要付出数倍高于男性的努力，才能获得同等的成功。德国女数学家艾米·诺德就曾遇到这样的事情。她获得博士学位后，只要再获得讲师资格，就能够授课了，但某次会议上，一位教授却对破格提拔艾米·诺德成为讲师的提议非常抗拒。他认为艾米·诺德作为一个女人，怎么能够成为讲师，甚至以后成为教授或是进入评议会这样的最高学术机构呢？希尔伯教授非常欣赏艾米·诺德，对这样的观点不以为意，当场辩驳道："候选人的性别可不应当是反对一个人的理由，相信大家都清楚，我们现在身处的地方是评议会，而不是澡堂。"随着整个评议会的哄堂大笑，类比式回话的威力也让对方哑口无言。

类比的用处

类比可以使抽象的概念或复杂的观点变得具体、生动，从而增强说服力。它还可以帮助讲话者更简洁、明确地表达自己的意思，避免冗长的解释和阐述。这不仅可以节省时间，还可以使沟通更加高效。类比可以激发听众的共鸣，使他们更容易与讲话者产生情感上的联系。我们可以将自己的观点与听众的经验和感受相结合，使听众更容易理解和接受自己的观点。

不要含糊不清，把话说到点子上

在快节奏的现代社会，我们时常面临着时间紧迫、信息繁杂的挑战。因此，清晰明了、直击要害的表达方式显得尤为重要。不管是日常交流，还是工作场合，我们都应该力求用简练的语言，精准地传达自己的意图。

就像你和朋友逛街时，路过一家蛋糕店。你忽然想到之前买过这家的蛋糕，非常美味，有心再买一个，却发现没带够钱，只能感叹一句。而朋友却觉得，这是你对他的暗示，希望他能为你付钱购买蛋糕。含糊不清的语言不仅无法提高双方的沟通效率，还会增加误解和歧义。

在快节奏的现代生活中，含糊不清的表达往往会让听众感到困惑，需要花费更多的时间去理解和消化信息。而直接明了的表达则能够让听众迅速抓住重点，从而更快地做出反应和决策。

米开朗琪罗在为教皇朱理二世绘制宫廷的天顶画时，遭遇了与教皇意见相左的情境。朱理二世希望圣徒与先知们身上的衣物能展现出高贵与华丽的气质，然而，米开朗琪罗对此并不认同。他巧妙地以半开玩笑的口吻回应："您知道的，他们原本出身贫寒，何必为他们披上富贵的外衣呢？"当教皇再次派人传达修改壁画的意愿时，米开朗琪罗平静而坚定地说："请你转告教皇，修改壁画固然重要，但相比之下，他更应该将心思放在如何改善这个世界上。"这句话中透露出的讽刺与机智，让教皇朱理二世深感震撼，从此不再过多干涉米开朗琪罗的创作。

表达要明确清晰

在与人交往的过程中，含糊不清的语言容易引发歧义，让他人产生误解或误判，从而产生误会。而清晰明确的表达则能够准确地传达信息，避免麻烦和冲突。就像有人曾在公开场合遭到同事的指责，这让他觉得非常难堪。但他并没有被怒气冲昏头脑，而是条理分明地反问："我们是否能私下谈谈？我想请你调查清楚以后再说话。"对于他的态度，许多人都保持了中立的立场，先前指责他的那个同事也察觉到自己态度的错误，因而改变了方式。

你瞧瞧你干的好事！

我们是否能私下谈谈？我想请你调查清楚以后再说话。

大树和果实

英国人波普曾和朋友感叹道："话犹如树叶，在树叶太茂盛的地方，很难见到智慧的果实。"过于冗杂繁复的话语和太过含糊的回答，就像是茂盛的大树，看上去枝繁叶茂，却将我们真正想要表达的"智慧果实"深深埋藏在了枝叶的掩映之下。或许部分"智慧果实"由于本身够大够红，我们可以轻易发现，但一些藏得太深，本身也不够显眼的"果实"，就很难被人发现，从而被忽略掉了。

话犹如树叶，在树叶太茂盛的地方，很难见到智慧的果实。

你说得有道理，我要把这句话记在心里。

正确表达

正确地进行表达能迅速让他人抓住我们话语里的要点，减少误解，也能提升我们的形象。一个能够清晰、有条理地表达想法的人往往会被认为更加专业和可信。在人际交往的过程中，清晰的表达能更好地展现自己的能力，赢得他人的信任和尊重，更能轻易与他人建立联系，促成自己与他人良好合作的状态。因此，交谈时的言语清晰、简洁与不含糊，直接表达重点，对我们的生活非常重要。

汉武帝在一次大病后，想要外出散心，决定去甘泉宫住一段时间。但队伍行进的速度被坎坷的甘泉宫官道拖慢了。修整通往甘泉宫的官道是有专人负责的，本次行路的艰难也直接体现出负责人的失职。汉武帝联想到自己先前的大病，非常生气，认为这个负责人是觉得自己一定会病死，来不了甘泉宫，才会这么敷衍了事的。负责人做错了事情，心里着急，想不出合理的解释，被汉武帝找借口处死。后来，汉武帝发现自己的御马消瘦了许多，不如从前精神，也觉得是养马官员看自己大病，觉得没有前途，不尽心的缘故。这个官员反应敏捷，表示自己是因为汉武帝生病，心里担忧才无心喂马，导致御马消瘦，于是请求责罚。对于他的解释，汉武帝非常高兴，不仅没有惩罚，反而重用起他来。

出现问题怎么办

即使拥有同样的想法，是否能够正确地表达、清楚地展现自己的意思，可能会造成完全不同的结果。但如果由于表述出现了问题，我们最应当做的不是紧张逃避，这对我们没有任何帮助。我们应当在认真思考过后，重新使用简单、易懂、通俗的语言进行再次沟通。对于交流时的一些口误，只有及时进行更正，才不会对我们的交流造成太大的阻碍。因为含糊不清，不能把话说到点子上，才是交流的大忌。

没关系，你可以再说一遍。

对不起，我刚刚口误了。

精准问答，才能让沟通没有障碍

在生活中，我们时常会发现，有些人能做到一见如故，即使只认识很短的时间，也有各种各样的话题可以聊，而有的人虽然熟识已久，却只能干巴巴地聊上几句，就很快陷入了无尽的沉默中。

就像有些采访过后，被采访者与记者两看相厌，而有些采访结束后，被采访者和记者宾主尽欢，觉得舒适，其主要的原因就在于他们是否能够做到精准问答。精准问答是沟通中的关键环节，它能够确保信息的准确传递，避免误解和歧义，从而让沟通更加顺畅、高效。

谢谢您的提问，这次采访过程我觉得很愉快。

也谢谢您的夸奖，希望下次有机会还能与您合作。

想要做到精准问答，"问"是很关键的。在提问之前，确保自己清楚地知道要获取什么信息或解决什么问题。避免模糊、宽泛或歧义性的问题，而是尽量具体、明确地描述问题或需求。

著名科学家伽利略在年少时就确定了自己未来的理想，可受限于家庭条件，他的父亲并不支持他。对此，伽利略主动和父亲进行了一场谈话。伽利略向父亲表示，自己对科学的爱，就像父亲对母亲的爱一样，完全容不下第二个人的存在，也不会受到其他任何外在条件的诱惑。了解到了他的决心，伽利略的父亲开始犹豫，却依旧非常反对，因为他们的家庭条件并不足以支持伽利略追求自己的梦想。所以，他父亲依旧劝他放弃。对于父亲的疑虑，伽利略早有准备。他事先打探好了公爵奖学金的事，也认为凭借自己的能力，完全能够获得这个荣誉，而他现在真正缺少的不是金钱，而是一个入学的机会。明白了伽利略真正的需求后，他父亲欣然同意为他的梦想贡献自己的一份力量。

精准问答

伽利略能够轻松说服自己父亲的原因在于他很清楚父亲的顾虑，也提前想到了解决的办法，并将自己的想法清楚地表述出来，最后达到了自己的目的，这就是精准问答的效果和魅力。当我们面对不擅长的话题时，紧张并不能给我们提供更多的帮助。对问题的仔细观察和精准问答，才会有更大的效果。就像与新朋友交谈时，"查户口"一样的问答只会让人反感，而对方身上的一把吉他，或许能打开更多的话匣子。

你很喜欢弹吉他吗？

是的，我很小就开始学习弹吉他了。

准确、简洁地表达自己的观点

与"问"相对的，"答"也是非常重要的一环。当别人拿着你的护手霜请求你借一点儿用时，你会同意还是不同意，怎样表达你的想法，这都是一门学问。在正确理解了对方的话语后，不管我们做出什么样的回答，都需要准确、简洁地表达自己的观点。避免使用模糊不清的词语，确保自己的表达能够一目了然，这样才能以最迅速的方式表达自己的意思，避免误会的发生。

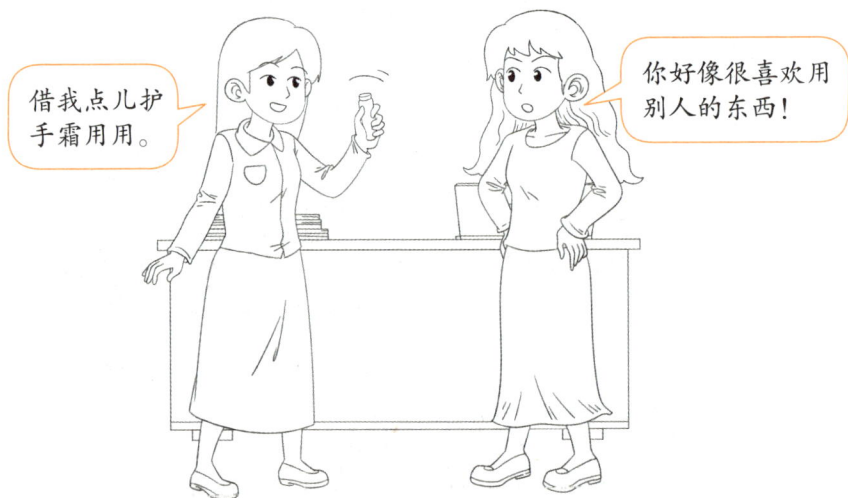

借我点儿护手霜用用。

你好像很喜欢用别人的东西！

注意对方的反馈

在问答的过程中，除了要注意让我们的话语简单易懂和其中的逻辑性外，我们还应注意对方给予的各种反馈，并根据自己接收到的这些反馈，及时调整自己的提问或回答的方式。如果对方表现出困惑或不解，我们可以尝试用更简单的语言或更具体的例子来解释，如果对方对我们的回答表示赞同或支持，我们可以进一步深入探讨相关问题。这样，我们的沟通才能持续且顺利地进行下去。

作为一名保险公司的创办人，沃克并不是一个单纯只注重推销技巧的人，而是非常注重在交流中观察顾客的反应。他曾遇到一个非常难缠的顾客，他照常推荐自己的产品，这位顾客也对他推销的保险方案非常动心，但在最后签约前表示要再多考虑两天才能决定。沃克并没有立刻表现出失望，而是小心地询问，步步引导，了解到这位顾客在十多年前曾在另外一个推销员手里吃过大亏，蒙受了不小的损失，从那以后，这位顾客就成了一个非常谨慎的人，即使再如何动心，他都会谨慎考虑过后再做决定。知道了这件往事，沃克很快表达了自己愿意等待他做决定的态度，这让顾客非常满意，而沃克也最终成功拿下了这位顾客的保单。

精准问答的魅力

在我们日常的一问一答中，可以更加清晰地了解彼此的需求和期望，帮助我们正确地选择交流的方法，提高决策效率和准确性，更能在不知不觉间，把握交流的节奏，使得事情的主动权能掌握在自己手里，避免被他人错误引导。而精准的问答，让人与人之间的交往更加和谐，也让我们的沟通更加无障碍，对于团队合作和创新，有着很大的推动作用。

你这款产品有问题！

您确定是在我们店内购买的吗？

　　精准问答的魅力在于，它能够有效地解决问题并带来清晰的沟通体验。当我们能够提出准确的问题时，不仅能够迅速获取需要的信息，还能够激发对话的深度和广度。精准的问题能够帮助我们更好地理解问题的本质，促进高效的沟通和合作。

　　另外，精准的回答也具有强大的吸引力和影响力。当我们能够清晰地回答问题时，不仅展现了我们的专业素养和解决问题的能力，还能够赢得他人的信任和尊重。精准的回答不仅能够解决问题，还能够为他人提供价值和启发。

　　因此，精准问答的魅力在于其能够为人们带来高效、愉悦的沟通体验，促进信息的有效传递。

第五篇

以情动人，接话要委婉动听

委婉是一种不直接表达自己的观点，而通过含蓄的语言表达内心所思所想的说话技巧。在与人交往的过程中，它会让原本困难重重的交谈变得顺畅，让听众可以在更好的环境和心态下接受说话者的思想。当你试图让他人接受自己的观点时，委婉的表达可以让对方从心理上更容易接受，更容易得到对方的认可。

多费点儿口舌去说服，才能让对方心悦诚服

要想成功说服他人，首先要让他人对你产生信任感，认同你这个人，才愿意跟你有进一步的交流。一个经验丰富的谈判者往往话能说到对方的心坎上，直击对方的心灵，让他人不得不和你产生共鸣，进而被你说服。

　　当我们不能直接让对方认同我们的观点时，不妨从侧面出击，一点一点地攻破对方的心理防线，让对方从我们的话语中顿悟，明白我们的苦心孤诣。多给对方摆事实、讲道理，多费一些口舌，并恰如其分地运用说服的技巧，说服对方并不是什么难事。

不管你说什么，我都不会改变主意的。

我一定会想办法说服你的。

　　要想让对方对你心悦诚服，就必须打感情牌，让对方从情感上或心理上得到满足，进而认同你的观点。不要试着去改变对方，也不要站在对方的对立面。晓之以理，动之以情，情理兼备才能见效。

　　孝成王即位时，年纪还小，所以朝政大权就掌握在他的母亲赵太后

手里。秦国伺机作乱，赵太后求救于齐国，齐国同意出兵，但前提条件是要长安君去齐国当人质。赵太后当即回绝了这一要求，因为长安君是她最小的儿子，她格外疼爱他。群臣纷纷进谏，全都被驳回。可是，左师触龙却采取迂回战术，成功说服了赵太后。

他来到赵太后面前说："我最近身体状况不太好，不知道太后如何？"太后说："我都是坐车出行。"他又问了太后的饮食情况，这样的聊天儿让赵太后慢慢放松下来。触龙又拿自己的小儿子举例，说明父亲也是非常疼爱孩子的，丝毫不逊色于母亲。之后他又以"父母之爱子，则为之计深远"来暗示太后没有为长安君的未来谋划，只看重眼前，反而会让他地位难保。最后他成功说服赵太后同意长安君去齐国当人质。

委婉指出对方的问题

在生活中，我们时常会有这样的经历，当你指出对方哪里需要改进时，要尽量顾及对方的面子，用委婉的语气告诉对方，让对方觉得他掌握了主动权。比如一个员工来上班时有些邋遢，作为领导，你可以这样对他说："你今天这身还不错，如果换个颜色，效果会更好。"员工会很愿意接受这样的建议，也会及时改正。当你委婉地向对方表达自己的观点时，对方会觉得你是真正站在他的角度考虑问题，会更乐于接受你的观点，你的目的也就达到了。

领、领导，不好意思，我……

你这身穿着还不错，如果能换个颜色会更好些。

真正的说服是提供有价值的信息

说服不同于在权力的羽翼下威胁对方，迫使对方臣服于自己，说服者和被说服者之间并不存在上下级的关系，双方的地位是平等的，被说服者可以自如地发表自己的观点，以及做出某种行为。说服又不同于被对方的魅力折服，被对方的交换价值吸引，可能说服者自身并不能在利益上吸引对方，也不能在魅力上折服对方，可是说服者可以给被说服者提供有价值的建议，可以让被说服者的内心产生动摇，进而改变自己的理解方式，认同说服者的观点。

拆解问题，劝服对方

当一个人对某件事心存疑虑，很可能是他没有把这件事想清楚、想明白，和劝服者一点儿关系都没有。而作为劝服者，这时的任务就是采取剥洋葱的方式，从整体到部分，一点点拆解其中的问题，逐个击破对方的疑点，打消对方的疑虑，才能真正说服对方。只有让对方打开心扉，说出自己的疑虑，你才有可能化解对方的疑虑，让他对你产生信任感，进而认同你的观点。如果两人始终说不到一起去，观点南辕北辙，那就形成了死结，劝服更是无从谈起。

作为美国知名的音乐经纪人，胡洛克见过太多脾气古怪的音乐人，其中就有一个叫查理亚宾的男低音歌唱家。一天，查理亚宾要到某地参加一个演出，结果中午时分，他告诉胡洛克，自己的嗓子不太舒服，晚上会缺席表演。胡洛克听后立马赶到查理亚宾的住处，对他说："我的朋友，很遗憾你不能参加晚上的演出了，我马上通知取消这场演出。不过你会损失一两千美元。当然，这些和你的名誉相比简直不值一提。"查理亚宾思忖了一会儿说："你下午五点再来一趟，那时我可能会好一点儿。"到了下午五点，胡洛克再次来到查理亚宾的住处，查理亚宾依然不太愿意登台表演，胡洛克也没有说什么，直到晚上七点半，他才答应登台表演，并提出让胡洛克告诉观众，他的嗓子今天不是很好。于是，胡洛克搪塞着答应了，这位歌唱家才终于登台了。

说服者要擅长激发被说服者的情绪

人的情绪是具有强烈的波动性的，正面信息会让人思想积极，而负面信息则会让人思想消极。在说服他人时，说服者可以将这两方面的信息综合在一起，并进行合理的组织，让接受者在情感上产生波动，从情和理两方面说服对方。在说服的过程中，被说服者的内心势必会进行激烈的挣扎，所以，说服者所提供的信息要对那些有利于说服的情绪波动起到增强作用。而要想做到这一点并不难，那就是有针对性地制定相应策略，在说服的过程中要时刻观察对方的情绪变化，一步步"诱敌深入"。

我已经说得精疲力尽了。

那你先休息会儿，听听我的想法。

学会委婉说"不"，拒绝他人是门艺术

只有会拒绝他人的人，才能将更多精力放在自己应该专注的事情上，进而有所成就。假如你一直难以将"不"字说出口，任由他人拿捏自己，甚至有可能落入他人的圈套，最后的结果势必不会好。在面对诱惑时，我们更要学会说"不"，以免让自己落入深渊。

著名喜剧大师卓别林曾说："你要想生活得更如意，就要学着说'不'。"事实证明，说"不"并不像我们说的这么容易。如果说得太重，容易伤害到对方的自尊心；如果说得太轻，又怕别人领会不到其中的真意。而和直截了当地开口拒绝他人相比，委婉地说"不"才能尽可能减小给对方造成的伤害。

> 我觉得生活压力好大，好像身边的人都很需要我。

> 学会说"不"吧，那样你的生活将会好很多。

如果人们都掌握了拒绝这门艺术，那么这个社会就会减少很多冲突。会委婉拒绝他人的人，通常会顾及双方的情绪，不仅不会让对方对自己产生恨意，还会让对方对自己心生敬意。

小可正忙着处理公司的策划案，好朋友小兰给她打来电话，请她帮忙翻译一份产品说明书。小可当下就表示拒绝，可是她并没有直接开口说不，而是对小兰说："小兰，我真的很想帮你，可是说明书这东西专业性太强了，我万一给弄错了，那损失可就大了。"小兰说："没事，我相信你，要知道上大学那会儿，你可是我们班的学习标兵。"小可说："这要是换作平时，我努力兴许还可以帮到你，可是现在我公司实在太忙了，我天天晚上都在加班，这会儿连晚饭都还没吃呢！我就怕我脑子一糊涂，再给弄错了。"小兰想了想，觉得小可说得有道理，于是说："那好吧！你也早点儿休息！"在面对好友的求助时，小可并没有直接拒绝，而是委婉地说出事实，请对方体谅，堪称委婉拒绝的范本。

如何委婉地拒绝他人

第一，要坚持自己的立场不动摇，先考虑自己的感受。不要觉得拒绝他人就会让他人受到伤害，这样的想法只会害了自己，可能对方就是看准了你不会拒绝，所以才会对你狮子大开口。第二，拒绝人要用委婉的话语，但也不要过于委婉，否则对方会觉得还有回旋的余地，从而提出更过分的要求。假如某件事涉及原则，那么即便他人对你再三恳求，也一定不能答应。不能为了表面上的和谐而丧失做人的原则，该拒绝时就要坚决拒绝。这是委婉拒绝他人一定要做到的两点。

你帮我把这份资料写了吧！

不好意思，我的工作还没做完，恐怕不能帮你写资料了。

不该帮时坚决不帮

在工作中，相互帮忙是再正常不过的事情，可是有时候，当别人求助于你时，你也要考虑一下是不是应该帮忙。有些忙是可以帮的，可有些忙则是不能帮的，这时你就要婉言拒绝。假如对方请你帮忙做的事情是有违公序良俗的，是超出法律允许的范围的，那你就应该坚决地拒绝，千万不能拖泥带水，给对方留下回旋的余地。假如对方提出的请求是合理合法的，你拒绝时就要讲究一下方式方法，说出你的理由，并尽可能得到对方的认可，这样才不会损害到你们之间的交情。

> 我的工作做完了，你有需要帮忙的可以叫我。

> 太感谢了！

用委婉的语言替代直接拒绝的语言

俗话说："人活一张脸，树活一张皮"，由此可见，脸面对于一个人的重要性。如果我们直截了当地拒绝他人，可能会让他人的面子挂不住。所以，我们要学会委婉地拒绝他人，不要直接说"不可以""不行"这样的词语，而要换成"我再想想""我考虑一下"这种委婉的语言，向对方说出你的理由，得到对方的理解。假如有人向你表白，你可以将"我不喜欢你"变成"我们之间不合适""我们做普通朋友应该更好"这种委婉的语言，对方一定会感激你的。

张大千是知名的国画大师，留着一把长胡子。这天在饭桌上，有人拿他的胡子开涮。张大千没有当场发怒，而是给他们讲了一个故事："关羽、张飞去世以后，刘备准备去讨伐吴国。关羽之子关兴和张飞之子张苞都争着要当先锋。刘备让他们尽数罗列各自父亲的战功，谁讲得好，就让谁去。张苞说：'先父打败马超，占领瓦口隘'。关兴说：'先父须长数尺，有美髯公之称'。刘备听到后大骂'汝父斩颜良、杀文丑、单刀赴会，你都可以讲，为啥总揪着胡子不放？'"张大千讲完以后，众人噤声，再没人提胡子的事了。张大千原本可以直接制止对方拿他的胡子开玩笑的行为，可是他担心这样会让朋友下不来台，于是用讲故事的方法委婉地提醒对方，也收到了非常好的效果。

拒绝的最高境界

既拒绝了他人，又没有让对方失了脸面，这才是拒绝的最高境界。当一个人求助他人时，心里通常是忐忑的，假如被对方一口回绝，一定会非常难过，甚至生发怨恨。所以，最好不要直接拒绝他人，而是先关心对方，然后说出实际情况，表明你是心有余而力不足。这样的拒绝更容易被对方接受，因为你考虑到了对方的感受，措辞也非常讲究。像上面故事中的张大千那样，用一个故事委婉地告诉对方，你们的玩笑开得太过分了，如果继续这样下去，我也不会再忍了。

你能帮我去说说情吗？

真遗憾，我虽然很想帮你，可是这件事我真的无能为力。

会说恭维话，赞美他人其实很简单

一个人会说话，必然会受到更多人欢迎。它体现的不仅是一个人的高素养，还是一个人的仪表风范。即便他的仪表没那么动人，会说话的人也会让人对他高看一眼。而会说话最重要的表现则是夸赞他人，大声赞美他人的优点，低声批评他人的不足。

当我们夸赞他人长得好看、智商超群时，不仅他人听到会高兴，我们自己也会在心理上得到巨大的满足。当他人付出心血，取得不错的成绩时，我们给予真诚的赞美，不仅会让他人受到鼓舞，我们自身也会从中受益，鞭策自己进步。会夸赞他人的人，不但是为人处世高明的人，也是积极要求进步的人。

刚开始学，画得不太好。

天哪，这还不好吗？看起来根本不像新手的作品。

赞美所带来的作用是巨大的，也许会改变一个人的一生。人天生就希望得到赞美，总会无意识地通过他人的赞美来肯定自身的价值。一句赞美的话，可能会带给他人无穷的激励，让他变得越来越好。

约瑟夫·韦普先生是一家电气公司的推销员。这天，他叩响了布朗肯·布拉德老太太的门。可是当老人得知他是推销员以后，便用力关上了门。韦普又敲了几次门，老太太才勉强开了一条小缝，可是还没等韦普开口，老太太便骂开了。韦普并没有被吓跑，而是观察了一番后说："布拉德老太太，冒昧打扰您，我并不是因为电气公司的事而来，而只是想找您买点儿鸡蛋。"老太太这才把门开大了一点儿，韦普继续说，"您家的鸡养得真不错！一看就是有名的品种。"老太太说："你是怎么看出来的呢？"韦普说："我家也养了，可是没有您养得这么好，我夫人今天要做蛋糕，所以我专程跑到您这买鸡蛋。"老太太高兴坏了，之后两人便有了一场愉快的交谈。之后，老太太便向韦普所在的公司提交了用电申请。

赞美也要讲究方式方法

赞美的好处是显而易见的，不但可以愉悦他人的心灵，也可以让自己收到好的回馈。可是赞美也是要讲究方式方法的。在赞美他人时，我们不能说一些假大空的话，譬如"你人真是太好了！"这样的话会让对方感觉很假，觉得你是为了赞美而赞美，不仅不能打动对方，还会让对方觉得你很虚伪，而当你有针对性地夸赞对方，比如"你今天的耳饰和你的服饰很配"，对方就会觉得你是真心实意地看到了她的好，注意到了细节，这样才能真正打动人。

哇，你的电脑壁纸也太好看了吧！

真的吗？我可以分享给你。

在话题中融入夸赞

赞美他人，不能一味地用"你真厉害""你真聪明"之类的话，而要在话题中完美地融入溢美之词，对方定会感受到你的真诚，对你刮目相看，这样的赞美才能展现出更大的威力。当你与一个人初次见面时，你可以通过和对方的交谈，知道他曾经取得什么样的成绩，以此作为赞美点，拉近彼此之间的距离。假如你们之间非常陌生，甚至连名字都不知道，这时你可以夸赞他的衣着、配饰等。总之，只要你想夸对方，一定可以找到合适的切入点。

赞美偶尔也要夸张一些

适度的夸赞是我们一直推崇的赞美方式，可是夸张的赞美方式是不是就极度不可取呢？其实也不是这样的。就像生活一样，太平淡了就会索然无味，时不时来一些调剂品，才会让生活充满情趣。赞美也是一样，当普通的夸赞已经在对方心里激不起半点儿波澜时，你可以试着用一些夸张的赞美方式。比如，你在夸赞自己的女朋友时，可以说："你真是太美了，简直就是嫦娥仙子下凡。"尽管被赞美者明知你说的并不是事实，可依然甘之如饴。

戴尔·卡耐基曾做过货车推销员，可是他实在不是推销货车那块料。这天，他向一位顾客推销货车，可是他说的话和货车相差十万八千里。顾客生气地离开了，老板见状，跑过来对他大吼："你到底是在卖车还是在发表演讲，再这样下去，你迟早给我走人！"卡耐基不慌不忙地对老板说："老板，您可是天底下最善良的人，正是因为有了您，我才能吃饱穿暖。您放心，即便不是为了我自己，为了您，我也要好好干。看，您今天穿得这么好看，今天的生意也必定会红火。"老板的怒火就这样被他化于无形。虽然卡耐基的赞美有些夸张，可是也正好彰显出老板在他心目中的重要性，而老板想听的也正是这样的话。所以，老板就收回了之前的话，再也不提让他走的事了。

学会适当赞美他人

当我们想要赞美他人时，要做到适度、真诚，让对方觉得你是真心实意的，而不是溜须拍马。空洞的、夸张的赞美，并不是不能用，而是要谨慎使用。假如你总是用夸张的方式赞美他人，可能你会收到他人对你虚伪的评价。假如对方在心里对你有了预判，那么你的赞美就会遭到对方的厌恶，起到反作用。而适度的赞美则会在两个人的心灵之间架起一座桥梁，拉近彼此之间的距离。人天性就是喜欢听赞美的话的，所以，只要你是诚心诚意地夸赞他人，对方是会感受到的。

您今天看起来真不错，旁边这位是您的助理吧？

你还想不想签合同了？这是我老板！

善于用情说话，晓之以理动之以情

很多人说话之所以难以达到预期效果，最主要的原因就在于没有找到合适的切入点。擅长说话的人，通常可以从道义入手，直击对方的心灵，让听话者对他心服口服。而道义，是一种强大的推动力，它会让人们主动承担某些义务和责任。

在劝服他人时，晓之以理一定是最根本的准则。针对某件事情，给对方讲明其中的道理，再引入相关事例进行分析，势必会让对方心服口服。如果事情本身比较复杂，涉及的因素比较多，可以让对方和你一起推理，得出结论，这样才能更容易得到他们的认可。

怎么才能劝服别人呢？

你可以试试晓之以理，动之以情。

在与人打交道的过程中，难免会出现意见不一致的时候，这时你就要掌握劝说的艺术。给对方摆事实、讲道理，再打出感情牌，势必会让对方同意你的观点，达到你的目的。

刘备被曹操打败以后，实力大不如从前，于是决定联合东吴，共同抗曹。可是要如何说服东吴呢？必须得有一位能说会道之人，诸葛亮当仁不让，主动请缨。一见到孙权，诸葛亮先说："不管是将军，还是刘备，目标都是和曹操争天下。曹军眼下实力空前强大，将军要好生思量，要么投降，要么与之对抗。"孙权反问道："那刘备为什么不投降？"诸葛亮说："从道义的层面来讲，刘备是汉室后裔，不能做出不义之举。"孙权年方二十六，一听这话，他激动地叫道："我坐拥十万大军，更不可轻易投降。"诸葛亮顺势说道："刘备虽然吃了败仗，可军力依然不弱，而曹操虽然兵力众多，可经过长途跋涉，作战能力大大下降。假如将军能和刘备协同作战，一定可以打败曹军。"孙权被他说动了，这才有了历史上有名的"赤壁之战"。

以情动人是最好的说服方式

人与人之间的交流，少不了情感的交流。情感是连通人与人之间的纽带，是拉近彼此之间关系的润滑剂。在劝服他人时，以情动人当然是最好的方式。如果我们面对的是一个脾气火暴的人，我们最好采取以柔克刚的方式，用润物细无声的方式去打动他，去浇灭他心中的火，让他的心灵受到强烈的震撼，进而被你说服。当你想请一个人帮助时，要用情直击对方的心灵，说动他甘愿为你提供帮助。如果拒绝了你，他的心灵都会饱受折磨。

你刚才说的那些，真的打动我了。

你能理解就好。

成功说服他人的两个原则

要想成功说服他人，首先要坚持的一个原则就是动之以情，只有对方从情感上愿意听你说，你才可能改变他人的观点。人虽然时刻提醒自己要保持理智，可是难免会一时冲动，让情感占上风。所以，当我们在说服他人时，就要学会从情感入手。其次，我们要给予对方真正的关心。是人就会渴望得到他人的尊重，也渴望得到他人的爱，当你真正关心对方，对方一定会感受到你的真诚，对你心怀感恩，这样你再去说服他，他就能听进去了。

你不用来劝我了，没用的。

你别紧张，我理解你的感受。

真诚才是"必杀技"

你要想别人怎么对待你，就要先怎么对待别人。如果你对对方足够真诚，对方也一定会以真诚回报你。有的人天生嘴笨，不会说什么漂亮话，于是便认为自己难以得到他人的欢喜。其实，人们并不会多在意你的表达，只要你足够真诚，对方也不会嫌弃你，而愿意和你交流。有的人天生会说话，常常说得天花乱坠的，什么漂亮话张口就来，可是缺乏真诚，反而会遭到他人的唾弃，难以收获良好的人际关系。只有双方都保持真诚的态度，你们之间的沟通才会更加顺畅。

晏殊是北宋非常有名的词人，他说话真诚更是为人津津乐道。14岁那年，他参加殿试，谁知宋真宗赵恒给他出的题，他竟然之前就做过，但他没有丝毫隐瞒，坦坦荡荡地说出了实情，让宋真宗再换一道题。宋真宗觉得他是一个非常真诚的人，于是便赐予他"同进士出身"。别的官员在任职期间，一到节假日就会出去游山玩水，而晏殊因为家中穷苦，只能埋头苦读。宋真宗感慨他的好学，让他负责辅佐太子。可是，晏殊在谢过皇帝之后说："我其实也爱玩儿，只是囊中羞涩才没有出去。"宋真宗再次感慨晏殊的真诚，对他更加信任了。这个故事告诉我们，真诚的话语往往最能打动人。人人心中都有一杆秤，只有真诚的人，才会在秤上有足够的分量。真诚的人更容易得到他人的信赖和包容，也更能得到他人的倚重。

情感是道理的垫脚石

道理和情感是相辅相成的，如果没有情感作为铺垫，再好的道理也只是道理，不会开花结果。在说服对方时，我们不能只抓着道理不放，而要学会以情动人。否则哪怕你道理说得再好，对方也像没听到一样，不会有任何反应。在日常生活中，我们要往情感账户里多储蓄，多关心他人、帮助他人。一些善意的举动、温情的关怀，看上去是小事，却会让对方感受到你的真诚，让你的情感账户里多一些储蓄。当你给予了对方真情后，也一定会收到对方热情的回馈。

这是送给我的？

是的，你平时总帮助我，一份小心意，希望你不要嫌弃。

有理不在声高，沟通也可以平心静气

一个真正有智慧的人，从来不会靠大嗓门儿去说服他人。他们知道，人们大多吃软不吃硬，当他们与人发生纠纷时，他们不会叫嚣着给对方讲事实、摆道理，而是会用软语化矛盾于无形，对方就会掐灭继续和你对抗下去的想法。

很多时候，我们都主张不要高声与他人争论，这不仅有损你的形象，也于双方无益。由于人与人之间的交流从本质上来说是为了让彼此之间更加了解、友情更加深厚。如果一味地争论，则会和初衷背道而驰，不仅无益于关系的增进，甚至还会破坏关系，那就得不偿失了。

你平时不是最讨厌这些言论吗？

我是不想在这种场合与他争论。

不管你有理没理，都不要企图用高音量来让他人同意你的观点。你可以采取诙谐的方式，将你的幽默细胞尽数展现，让双方在愉悦的气氛中达成共识。温和、安宁、柔和，这些都应该是我们永恒的追求。

一天，某酒店的经理正在办公，一个外国人突然推门闯入，叫嚣道："你们这是什么酒店，地板这么滑，害我摔了一跤，我现在腰疼得很，你赶紧带我去医务室！"经理见状，关心地询问道："很抱歉，让您受伤了，我这就带您去医务室，您稍等片刻。"见对方已经冷静下来，经理便悉心地给对方递上一双新鞋，请他换上。原来这个外国人刚一进入他的办公室，经理就发现他的腰没什么问题。而他之所以滑倒，可能是因为鞋有问题。于是，在外国人去医务室以后，经理就派人将他的鞋拿去修了。经过检查，外国人的腰没问题。他不好意思地说："请原谅我刚刚的冒失，我只是太心急了。"经理说："没关系，我担心您的鞋有问题，所以冒昧让人修了一下您的鞋，您再穿上试试，看是不是好多了。"外国人感激不尽，对经理连声道谢。

站在对方的立场去看整件事情

多数情况下，人们发生争吵只是因为过于看重自己的观点，而忽视了他人的观点。假如我们懂得换位思考，站在对方的角度去看问题，也许会有不一样的看法。假如你这样做以后，依然不能苟同对方的观点，最起码不会全盘否决对方的观点，你的态度也会变得更加客观，所得出的结论也会更加公平，进而减少争论的发生。假如你能用对方的观点来佐证你的观点，对方就更容易接受你的观点了，而且，他也会感谢你对他话语的用心体悟。

我认为这套方案根本行不通。

光说没用，你要解释一下为什么行不通，然后来说服我。

说软话是说服他人的敲门砖

在多数情况下，你都要学会摒弃说硬话，这样才更有利于说服对方。当对方的暴躁遇上你的柔和，他顿时会软化几分，这时候你离成功说服对方就更近一步了。说软话只是让你放低姿态，并没有让你低到尘土里。你可以先肯定对方言论中正确的部分，通过引导、暗示，让对方跟着你的节奏走，最后按照你的意思表达出来。最忌讳的就是抓着彼此之间的不同点不放，浪费精力不说，还会加深彼此之间的矛盾，让双方之间的沟通变得更加困难。

等你冷静下来再和我交谈吧！

你站住！

为谈话营造良好的气氛

当双方意见不统一，一场争论马上就要爆发时，你要冷静下来，先去寻找双方之间观点相同或类似的部分，哪怕只是很小一部分，也要坦诚地说出来，让交谈气氛走向和谐的方向。而良好的气氛是彼此之间达成一致的前提。如果交谈的双方都不冷静，相互攻击对方，就会让双方都失去理智，爆发激烈的争吵。而只要有一方冷静下来，那么这场争吵就可以避免了。哪怕对方再无理，再暴躁，只要你始终保持心平气和的态度，早晚也会让对方自觉没趣。

这天是个周末，茶具店的生意异常火爆，一位喜欢吹毛求疵的男顾客来了。营业员见有顾客到来，赶紧热情地上前介绍，对方指定要看哪套茶具，营业员就赶紧拿出来给他看。可是一晃半个小时过去了，顾客依然拿不定主意，不是嫌这个颜色不好，就是嫌那个成色不好。这时刚好有其他顾客也来了，营业员只得再去招呼一下别的顾客。这位男顾客顿觉自己坐了冷板凳，于是阴沉着脸，大怒道："你们这服务态度也太差了吧，明明是我先来的，你怎么先去招呼其他人了？"营业员见状，赶紧解释道："先生，很抱歉，今天客人有点儿多，如果有照顾不周的地方，还请您多多原谅。"营业员谦逊的态度和真诚的话语，让那位男顾客自惭形秽，于是便很快挑好了一套茶具离开了。

不要当面指出他人的错误

当你发现对方言辞中出现漏洞时，千万不要直接指出来，而要想办法让对方自己发现。如果你当面给他指出来，对方往往会一时气结，觉得你是故意找碴儿，这是不利于你们的交流继续进行的。假如你发现对方在推理上有问题时，你可以试着放慢谈话的节奏，用一种带有征询性的语气和对方探讨，这样更容易让对方意识到自己的错误并改正。要想让一个人改变自己根深蒂固的观点并非易事，需要长年累月的坚持。我们不要急着去让对方接受我们的观点，而要多与他交流，慢慢让他接受你的观点。

不可能，肯定是你听错了。

你刚刚说错了。

试着换位思考，把话真正说到心窝里

有的人常说自己嘴笨，不会说话，其实他们都进入了一个误区，觉得会说话需要有娴熟的嘴上功夫。其实不然，只要你懂得换位思考，站在他人的立场考虑问题，想他人之所想，你也可以把话说到对方心坎里，成为一个受欢迎的人。

所谓的换位思考，就是完全换一个视角，真正穿上对方的鞋，走对方走过的路，看看对方为什么会有这样的想法，进而更好地理解对方，宽待对方的不足。在劝说对方接受某个观点时，也要身处对方的位置，从另外一个角度看待，从而得出更全面、更精准的结论。

你会不会觉得我刚才太过分了？

不是你的错，换位思考，如果是我也会这样做。

要想在语言上打动他人，让对方从内心深处接受你所说的话，你就要在说话之前考虑到听众会有什么样的反应，并不只是采用你认为正确的说辞就误以为可以准确传达你的意思。

GE公司是美国医疗设备行业的老大，汤姆逊公司旗下有一家医疗造影设备公司，这是一家法国政府控股的公司。GE公司的韦尔奇为了打开欧洲市场，想要购买汤姆逊公司的医疗业务。可是，汤姆逊公司的戈麦斯并不想将自己的医疗业务卖给他人，于是韦尔奇决定和他进行一笔交换业务。韦尔奇先是打算用半导体业务和对方交换，对方拒绝了，他又准备了电视机制造业务，这一下子引起了对方的兴趣。两人很快达成一致意见并签订了合同。事后，韦尔奇激动地说："我这次之所以可以这么快和戈麦斯谈成这笔业务，都要感谢沟通的技巧，当我懂得了换位思考，一切问题就都迎刃而解了。"戈麦斯也有同感。在商场上，只有站在对方的立场去谈判，找到双方利益的相同点，才能达到双赢的效果。

互相理解的前提是换位思考

在现实生活中，之所以会产生那么多矛盾，引发那么多纠纷，其实并没有多么不得了的原因，只要大家多一点儿包容，多一点儿理解，可能很多矛盾都不会产生，而要想更好地理解他人，换位思考是一种非常有效的方式。假如我们可以待人以宽，责己以严，那么我们何愁没有进步。而现实是，我们往往揪着他人的错误不放，对于自己的过失，则是一笑置之，这样的我们是面目可憎的，是不会受欢迎的。只有当你转换思路，懂得站在他人的角度考虑问题时，很多问题才能迎刃而解。

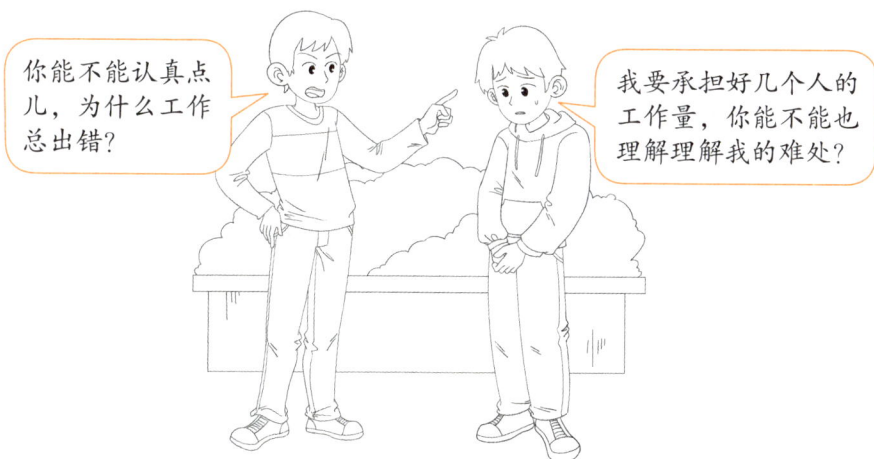

你能不能认真点儿，为什么工作总出错？

我要承担好几个人的工作量，你能不能也理解理解我的难处？

换位思考的好处

换位思考所带来的好处实在是太多了，很多成功人士都将换位思考当作成功的要诀之一。换位思考可以让我们更好地了解他人，可以让我们的人际关系变得更加和谐，可以让我们的心胸更宽广，对他人多一份包容。当我们在生活中遇到困难和挫折时，换位思考也可以让我们在选择处理方式时更加妥当。换位思考还可以让团队的凝聚力更强，尤其是当团队成员之间的意见发生分歧时，换位思考的重要性就愈加明显了。因此，学会换位思考，它会让你受益匪浅。

你觉得成功的秘诀是什么？

我觉得是设身处地替别人着想，了解别人的态度和观点。

如何换位思考才能直击对方的心灵

首先，要对对方的感受有足够的认知和理解，这样才能拉近彼此之间的距离，让交流变得更加顺畅。只有在理解的大前提下，双方才能在心与心的层面展开交流；其次，要设身处地地站在对方的立场去想问题，时常问自己这样一个问题：如果这件事发生在我身上，我会如何处理？当我们这样做时，对方必定会感受到我们的真诚，并愿意和我们继续交流下去；最后，对于对方所说的话，要给予公正、客观的评价，只有这样，才真正做到了换位思考。

这一天，陶行知先生正在校园里巡视，看到王刚正将泥块砸到同学脸上，陶行知当即命令他住手，并让王刚放学后来校长办公室找他。王刚心想这下完了，一会儿肯定要挨批。谁知陶行知一见到他，便递给他一块糖果，并告诉他："我要奖励你，及时来到了这里。"王刚一脸惊讶地接过糖果。接着，陶行知又拿出一块糖果递给他说："我还要奖励你一块糖果，因为你尊重了我，我让你停手时，你及时停手了。"王刚更惊讶了。陶行知又递给他第三块糖果，说："这块糖果奖励你，因为你砸其他人是为了保护女生，敢于和坏人作斗争。"王刚深受感动，说自己不应该砸同学。陶行知又递给他第四块糖果，并告诉他："这块糖果是奖励你能够及时意识到自己的错误，现在你可以走了。"说完，王刚就离开了校长办公室。

"如果我是你"

无论是谁，面对他人的训斥，内心都会感到不快，尤其是处于逆反时期的青少年更是如此。而陶行知先生通过换位思考，用亲切的语气、尊重的口吻和四块糖，让一个少年认识到自己的错误。当你发现难以说服对方时，最好先和对方保持同一立场，真正站在他人的角度考虑问题，用"如果我是你"开头，会让对方觉得你是同道中人，愿意向你敞开心扉，并最终被你说服。千万不要低估"如果我是你"这句话的威力，它会让人们对你产生信任，你之后的话才会更容易被对方接受。

少责备多肯定，批评才有效果

要想让批评真正起到作用，就必须掌握一定的技巧，首先态度要真诚，其次表达要得体，最后要顾及对方的面子，这样的批评才会更容易被对方接受，达到你想要的效果。如果抓住对方的错误不停地指责，还会起反作用。

当我们想要批评一个人时，首先要考虑对方的心理承受能力如何，有的人心理承受能力差，稍微批评一下就梨花带雨。遇到这样的人，更应该顾及对方的面子和尊严，采用春风化雨的方式展开批评，否则很可能造成难以挽回的后果。切忌在公共场合批评他人，即便这种批评方式再温和也不可以。

这里是公共场合，我不想批评你。

对不起，真的很抱歉。

人无完人，是人都会犯错误，受到批评是再正常不过的事情。只有积极地进行批评和自我批评，我们才能有所进步。当然，在批评别人时也要讲究一定的技巧，言语不要太粗鲁，态度不要太恶劣。

芭贝拉·魏尔生发现，自己从前的那个乖女儿洛瑞不见了，取而代之的是一个极度不合作，总是和自己顶嘴的洛瑞。为此，魏尔生太太严厉惩罚过她，可是丝毫不起效。这一天，魏尔生太太见女儿不写作业就径直出去了，她原本想要批评她的，却突然改了主意。她看女儿有些难过，便上前问道："洛瑞，你怎么了？"洛瑞见今天的母亲和以往的不太一样，于是便狐疑地问道："你确定你想知道？"魏尔生太太重重地点了下头。于是，洛瑞一改往日的叛逆，向妈妈倾吐了最近的遭遇。魏尔生太太头一次听女儿说这么多心里话，在惊讶的同时也倍感震惊。她意识到女儿需要的是一个懂她的、关心她的母亲，而不是一个整天只会说教的母亲。自那以后，魏尔生太太不会动不动就批评女儿，而是先让她说，她们之间的关系也融洽了不少。

上级批评下级的技巧

从本质上来说，批评就是指责对方，所以不容易被对方接受是很正常的。这时，我们就要讲究批评的技巧，尽量降低批评给他人带来的不好感受。当上级批评下级时，不能只看到对方的不足，还要发现其优点，否则下级只会记住你带给他的伤害，不会有丝毫改进。上级对下级的批评要带有更多的激励因素，要充分释放你的善意，在原则性的问题上坚持不动摇，然后再简单提醒几句，这样下级才能真正听进去你的批评，并对你心存感激，在以后的工作中更加卖力。

> 你平时工作很努力，居然也会出现这种小失误，下次可要小心些。

> 对不起，我下次一定会认真检查的。

批评的真正价值

真正懂得批评的人，都会将批评隐藏在激励之中，让对方意识到自己的问题并加以改正。这比直接批评的效果要好得多，也更容易让对方接受。每个人都或多或少存在不足，只有改正了不足，我们才能进步，可是我们自己往往很难意识到自身的不足，这时别人的批评就是我们改正的契机、取得进步的关键，这正是批评的意义所在。因此，在批评他人时，重点是让他人意识到批评的意义所在。批评并不是单纯地指责对方，而是让对方明白自己还有哪些地方需要改进。

你对批评是怎么看的？

真正懂得批评的人看重的是"正"，而不是"误"。

寓批评于鼓励之中

对于犯错的人来说，受到批评是最不愿意回首的过往，这是对他自信心的打击，他可能会长久陷入这种负面情绪中难以释怀，甚至怀疑自己的能力。当我们在批评犯错误的人时，我们要学会保护对方的自尊心，让他不要在批评中受挫，这时我们该做的就是在批评中找出对方做得好的地方，并给予大肆鼓励和表扬，让他重拾自信，积极去改正错误。寓批评于鼓励之中，是一种行之有效的批评方式，是会让当事双方都受益的。

班里马上就要召开班会了，班长马军精心准备了主题班会方案。班主任仔细看过之后，发现这个方案的内容确实别具一格，但其中几个细微之处还有待完善。班主任在审阅后，微笑着给予反馈："马军，你的方案展现出了你的用心和才华，非常出色！如果能够稍微调整一下这些细微之处，它将会更加完美。我相信以你的智慧和敏锐能够迅速发现并修正这些问题。你的努力与付出我们都看在眼里，继续加油，期待你带来的精彩班会！"这样的批评和鼓励交织在一起，不仅让马军感受到了老师的认可，更激发了他改进的动力，使得批评成了一种正向的激励，效果倍增。于是，马军将方案拿回去，又认真地进行了修改。这一次，班主任对他改出的方案非常满意，他自己也很高兴。

给批评穿上赞美的外衣

当你想要批评他人时，先赞美他人，这样可以缓解被批评者的情绪，让他更容易接受你接下来的批评。我们一直有这样一个根深蒂固的观点，觉得批评就是指出对方的错误，重点在于"批"，通过批评让对方意识到自己的错误，并教给对方改正的方法，监督其改正。事实上，要想让批评对一个人产生更好的效果，不妨给批评穿上赞美的外衣。这样既维护了对方的脸面，也保护了对方的自尊心，他会对你心存感激，从而虚心改正。

对不起妈妈，我把玩具弄坏了。

能勇于承认错误就是好孩子！

　　学会给批评穿上赞美的外衣是一种高明的沟通艺术。通过巧妙地用赞美的措辞包裹批评，我们不仅能够传达出建设性的意见，还能够保护对方的自尊和尊严。这种方法能够降低批评带来的防御心理，使对方更加愿意接受我们的意见，从而促进问题的解决。

　　当我们在批评中夹杂着赞美时，不仅能够减轻批评的冲击力，还能够让对方感受到我们的关心和支持。这种温和而真诚的态度能够拉近彼此的距离，促进更加深入的沟通。因此，给批评穿上赞美的外衣是一种礼貌和尊重的表达方式，更是促进良好人际关系的重要手段。

第六篇

玩转幽默，接话要张弛有度

受传统文化的影响，中国人常常羞于展现幽默的一面。然而，随着时代变迁，人们对幽默的认识也在不断改观，很多人都见识到了幽默在社交中的力量，并渴望成为一个幽默的人。很多人对怎样能变得幽默感到困惑，其实办法是有的。那就让我们一起来学习变得幽默一点儿，成为一个豁达洒脱的人吧！

幽默一点儿，让沟通变得更轻松

> 幽默是人际关系的润滑剂，它能帮助我们缓解紧张和尴尬，快速与他人建立联系。在生活中，每个人都喜欢和幽默的人在一起，享受轻松愉快的交流。然而，幽默并不是轻率之举，我们的幽默必须建立在给他人带来快乐的基础上。

幽默是一种通往快乐生活的艺术，它就像生活的调味剂，给平淡的生活带来趣味和色彩。顺境时，它能让快乐加倍；逆境时，它能将忧愁消解。幽默不仅能让自己快乐，还能传递快乐。人一旦拥有了幽默，便拥有了豁达开朗的人生态度，我们的生活将变得充满快乐和阳光。

都说我没有幽默感，幽默到底是什么？

我觉得幽默就是快乐，无比的快乐。

学会幽默好处多多

英国哲学家培根说过："善谈者必善幽默。"在人际交往中，矛盾在所难免，幽默的话语可以起到四两拨千斤的作用，在笑声中让尴尬和矛盾消失。同时，幽默还是一种积极的人生态度，它能让我们在顺境中不忘形，在逆境中不沉沦，淡定从容地面对人生的起起伏伏，与此同时，幽默还可以做我们的"探子"，当正面拒绝可能会让双方陷入尴尬的时候，我们可以尝试使用一些一语双关的小幽默去试探对方的想法，这样既不失礼，还能轻松达到目的。

太有意思了，还有没有别的故事？

喜欢的话，那我再来给大家讲个别的故事。

幽默拉近人与人之间的关系

在人际交往中，幽默风趣的话语能瞬间打破沉闷，点燃交流的火花。面对陌生人，一句幽默的开场白便能让人打开心扉，迅速拉近彼此的距离；面对窘境，一句俏皮话便可以化解彼此的尴尬，打破僵持的气氛。和熟人在一起，幽默的作用更不必多言，妙趣横生的语言自然是能让所有人都轻松自在，享受交流的乐趣。高尔基说过："说句笑话只用一分钟的工夫，却能管一个小时的事情。"可见幽默的力量是多么强大。

我发现你这个人特别风趣。

我怕你紧张，所以开些小玩笑，幽默一下。

幽默让人快乐

幽默有让人瞬间变快乐的魔法。北宋文学家苏轼饭后喜欢挺着肚子散步，有一天，他一时兴起，让大家猜他的肚子里装的是什么，有人说是文章，有人说是见识，只有婢女朝云说他装的是满腹牢骚，苏轼听后捧腹大笑。你看，幽默就是有这么神奇的力量，短短几个字就能惹人发笑，也许你会说："幽默对我来说太难了。"其实不然，人人都可以拥有幽默的能力，只要我们在生活中多多观察幽默之处，多多使用幽默之词，我们一定能变成一个幽默的人。

苏联生物学家格瓦列夫是一个善于将幽默和自己的专业相结合的人。有一次，格瓦列夫正在讲课，课堂的气氛很好，他讲得兴致勃勃，台下的同学们也都听得津津有味。突然，教室里传出来一声非常突兀的动物叫声，格瓦列夫仔细一听，原来是公鸡打鸣的声音。原本严肃的课堂忽然因为这声鸡叫爆发出了一阵阵的笑声，课程讲解也因此不得不暂停。格瓦列夫并没有跟着笑，他镇定自若地从兜里拿出来自己的挂表，不紧不慢地说："看来我需要换一块表了，我这块表走得不准，我以为现在是白天，没想到已经是凌晨时分，不过请大家相信一个生物学老师的话，公鸡报晓是低等动物的本能。"听完他的话，同学们领悟到了话语中的一语双关，课堂秩序又重新恢复了正常。

自嘲式幽默，为沟通添点儿活力

> 幽默是打开社交圈的金钥匙 有一句歌词："最怕空气突然安静。"引申到社交场合中也同样如此，这时候一句幽默的话语便是救场的"及时雨"，它能轻松地打破人与人之间交流的壁垒，让气氛变得轻松热络起来。

自嘲是一种高明的社交策略。在人际交往中，最忌冒犯别人，但是冒犯自己就不一样了。当我们以挪揄、戏谑的言语自我解嘲时，不但不会让人感觉不适，反而会让人感觉轻松愉快，这是人性的弱点。当我们学会了自嘲，我们的亲和力会得到提升，在社交中也会更加受欢迎。

没想到你还干过这种傻事，哈哈，真有意思！

这样一说，我也想起一件有意思的事。

沟通是为了传情达意，在与人交流时，华丽的辞藻或许可以展示人的才华，获得赞叹，幽默的话语却更容易被人记住并享受其带来的快乐。所以，幽默是我们必备的社交能力。

有一次，著名作家林清玄应邀去一所学校做一场演讲，演讲开始之前，台下的同学议论纷纷，其貌不扬的林清玄明白这是因为他的外在形象可能和大家想象的相去甚远，让人感觉幻灭。为了活跃气氛，调动大家的热情，他讲了一件他自己的趣事。有一次，他去演讲，演讲结束后一个女孩儿微笑着递给他一张纸条，调侃他像电影里的火云邪神，台下的同学们听了以后都笑了起来，之后也都安静下来等待演讲的正式开始。没想到林清玄又接着说："看到大家这么捧场，在演讲开始之前我可以转一圈让大家都见识一下现实版的火云邪神。"这时候同学们的关注点早已经不再是他的外貌了，而是折服于他这种敢于自嘲的洒脱，随后台下爆发了热烈的掌声，气氛变得空前高涨。

自嘲是一种智慧

海利·弗斯迪说过："笑的金科玉律是，不论你想笑别人怎样，先笑自己。"每个人都有自己的弱点和缺陷，都可能面对他人的嘲笑和指责，强势的反击可能会给人留下强词夺理的印象，甚至会引发口角和矛盾。这时自嘲便是一种高明的处理手段，它能展示你的善意和豁达，轻松地化解尴尬和可能引发的矛盾，毕竟没有人会跟一个已经示弱的人没完没了。自嘲并不是自轻自贱，破罐子破摔，而是一种以退为进、幽默的大智慧。

你是不是骑车摔进过花坛里？

是呀，花坛可能也没想到，它会平白无故地被人"投怀送抱"。

自嘲的人有魅力

懂得自嘲是个人魅力的一种表现。自嘲的人都是聪明人，自嘲本身就蕴含着不仅能自我反省还能勇敢地说出来的意味。这难道不是一种清醒和勇敢吗？这种品质在这个更强调自我的时代是多么难能可贵呀！善于自嘲更能展现这种豁达和理智。虽然自嘲有很多好处，但是调侃自我并不是绝对安全的社交行为，我们要把握合适的度，避开别人的痛点，以免造成阴阳怪气的观感。

你今天的发型有些复古。

我这叫"村里有个姑娘叫小芳"！

善于自嘲的人受欢迎

自嘲是一种高级的幽默，也是我们受他人欢迎的法宝。上位者的自嘲能给人不端着、接地气的感觉，是一种非常幽默的亲和之举；朋友之间的自嘲容易引起对方的共鸣，营造和谐的交际氛围；弱者的自嘲更容易激起别人的同情心和保护欲，有自我保护的作用。不管我们处在什么样的身份和境地，自嘲都是一种非常高明的行为，它通过诙谐幽默的语言帮我们打动他人的心，让人感觉轻松愉快。因此在生活中，我们也要善用自嘲，它能让我们的人生更有趣。

孔子不仅博学多才，还深谙自嘲之道。有一次，孔子带着弟子们在郑国游学，人群把他和弟子们冲散了，掉队的孔子十分着急，久寻未果的他决定在城门处等待弟子们过来找他。此时此刻，弟子们也在焦急地打听孔子的下落。打听了好久以后，一个郑国人说："你的老师是谁我不知道，今天我倒是看见一个长相丑陋的人，他的额头像唐尧，脖子像皋陶，肩膀像子产，可是从腰部以下和大禹差三寸，而且他不光是长得丑，整个人看起来狼狈落魄，实在是好笑。"弟子们听完以后连忙跑过去寻找，发现真的是走散的孔子。有一个弟子便将这个人形容孔子的话原封不动地告诉了孔子，孔子听完以后哈哈大笑，说："别的暂且不论，我现在确实像丧家之犬哪！"

学会自嘲，赢得尊重

在自嘲式的幽默中，自嘲只是手段，幽默则是目的。通过自我解嘲的方式让别人轻松一笑，便可以将问题解决，这是多么快乐又低成本的解决问题的方法。很多人都没有勇气在公共场合承认自己的不足，面对他人的指责，会感觉特别没面子。然而，让人没面子的是缺点和错误本身，而不是承认它让人没面子。相反，承认自己的不足已经是很勇敢的行为，敢于自我调侃则更令人刮目相看。自嘲式的幽默不仅不丢脸，反而会为自己赢得尊重和掌声。

我的话太多，家人总说我"好好的孩子偏偏长了张嘴"。

哈哈哈，别这样说自己，我们觉得你挺好的。

以柔克刚，巧用幽默反击他人

松仁曾说："幽默来自智慧，恶语来自无能。"在我们的生活中，谁都难以避免会被人挑衅和误解，这时候气急败坏、正面硬刚并不是明智之举，我们可以开动脑筋，瞅准时机，用幽默的语言回应对方的无礼，达到四两拨千斤的效果。

看过相声、小品或者脱口秀的观众想必都能发现一个非常有意思的现象：台上的人一本正经，台下的人前仰后合。这种反差更能达到喜剧的效果，这个道理放在幽默上同样适用。懂幽默的人都思维清晰敏捷、妙语连珠、善于控场，无论在多么复杂的环境里，他们都能从容面对。

"朋友来了有美酒，豺狼来了有猎枪。"在人际交往中，尽管我们倡导与人为善，但是一旦有人触碰到了我们的原则和底线，践踏了我们的尊严，我们要学会用幽默和智慧作为武器予以反击。

鲁迅先生素来以文笔幽默、犀利著称，生活中的他也同样如此。当年，鲁迅先生在厦门大学任教，有一天，他去理发店理发。老板看他是个生面孔，穿着朴素，其貌不扬，便对他非常怠慢，理发的时候也漫不经心。然而，理完发以后鲁迅先生非常随意地从兜里掏出了一大把钱递给他，这让老板感觉又惊又喜。没过多久，鲁迅先生又光临这家理发店，老板一眼便认出了他，招呼得十分殷勤，理发的时候更是使出了浑身解数。鲁迅先生理完发以后，从兜里掏出铜板，一枚一枚地递给老板，一分不多，一分不少。老板百思不得其解，问鲁迅先生原因，鲁迅先生说："上次你马马虎虎地理，我就马马虎虎地给，这次你认认真真地理，我就认认真真地给。"老板听完以后，露出了羞愧的神色。

遇到嘲讽幽默反击

在人际交往中，面对他人的嘲讽我们可以选择幽默回怼，这样既不失风度，又能达到自己的目的，是一种非常明智的行为。反击的时候要坚持两个准则：面部表情上不动声色、言语表达上以其人之道还治其人之身。有一个非常经典的案例：苏东坡有一次去找佛印下棋，到了之后他就问："秃驴何在？"佛印随即回答："东坡吃草。"说完以后，两个人都哈哈大笑。我们也要不断地丰富自己的知识和见闻，遇到类似的情况才能像佛印一样幽默回怼。

好久不见，你怎么变成这样了？

你倒是没怎么变，还像以前那样羡慕我。

怎样回应冷言冷语

在人际交往中，不免会遇到既"无理"又"无礼"的人，和这种人讲道理就如鸡同鸭讲。对付这样的人，千万不能正面回击，否则会生出一种泼妇骂街的荒谬感。第一，我们先让自己的心情平静下来，尽量不要受对方的影响，否则非常容易被人牵着鼻子走，做出一些失控的举止。第二，在反击的言语选择上一定要既风趣幽默，又能回击对方，俗话说"打蛇打七寸"，反击时一定要抓住重点，直击要害，争取一击即中。做到以上两点，再难缠的人都可以轻松应对了。

有礼、有力、有节、有趣

我们常说："舌头和牙还有打架的时候，更何况人与人之间的相处呢？"在人际交往中，遭遇言语攻击在所难免，不管对方是有心还是无意，我们都要学会用幽默和智慧来回应对方。正面回应容易激化矛盾和冲突，我们可以尝试抓住对方的语言漏洞，将道理蕴含在幽默风趣的话语里，隐而不露，进行反击，"一笑泯恩仇"，这样既能展现自己的风度和智慧，又能保全双方的颜面，何乐而不为？所以，面对挑衅，我们回应的时候不仅要有礼、有力、有节，还要有趣！

有话慢慢说，你怎么像个小爆竹一样，一点就炸？

我都要被你气笑了。

恰如其分的幽默，化干戈为玉帛

"人非圣贤，孰能无过？"每个人都会犯错，每个人都会有需要道歉的时刻。犯错以后我们可以在道歉的措辞中加入一些幽默的元素，这样既能表达自己的歉意，自找台阶，同时也能减轻对方的负面情绪，是一种非常高明的社交手段。

在生活中，我们难免会遇到各种矛盾和摩擦，"针尖对麦芒"虽然可以解一时的意气，却不利于问题的解决。这时候我们如果学会运用幽默的力量，以轻松诙谐的方式去化解矛盾，便可以顺利地平息剑拔弩张的局面。这是因为幽默具有缓和尴尬和冲突、化干戈为玉帛的神奇功能。

人人都无法拒绝幽默的人。和幽默的人在一起就如同开盲盒，总能带给你惊喜和乐趣，他们总是可以提出让人耳目一新的观点，改变你对世界的看法，调动你对生活的热情。

早高峰的公交车犹如沙丁鱼罐头，大家都挤得透不过气，这时候两个年轻人争吵的声音在车厢里响了起来。"这个座位明明就是我一直守着的，你凭什么坐？"其中一个小伙子怒气冲冲地说。"你守着就是你的吗？谁先坐下就是谁的！"另外一个小伙子也不服气地回答。"你到底讲不讲道理？先来后到懂不懂？真是没素质！""你在说谁没素质？"两个人争吵的声音充斥着整个车厢，也引来了大家的侧目。两人你一言我一语，争得面红耳赤，互不相让。这时候，坐在前边的一个老大爷站起来了，说："你们两个都不要吵了，这样吧，谁如果能讲出来孔融让梨的故事，我将座位让出来。"车厢里发出了一阵笑声，原本已经闹得不可开交的两个人也安静了，互相推让着座位。

幽默具有沟通人心和化解矛盾的作用。在日常生活中，严肃认真的交流虽然可以提高效率，但总归是冰冷、流于表面、缺少人情味的。而一旦注入幽默，交谈便会走心，人的形象也会随之鲜活起来，人们也不再是冷冰冰的社交机器。幽默就是有这么神奇的魔力，它连接心灵，让人心不再是孤岛。同时，幽默还具有四两拨千斤的作用，就如和煦的春风可以消融冬日的寒冰一样，一旦有矛盾发生，幽默也会如春风一样消融人心的寒冰，将矛盾化解。

幽默也可以做谈判的筹码

现代社会竞争激烈，谈判和角力无处不在，在我们的刻板印象里，谈判和角力一定是冷淡对立、严肃紧张的。其实不然，幽默也可以作为我们的筹码，增加我们的胜算。谈判之前了解对手的信息是基本常识，当我们坐在谈判桌上，针对对手的特点来进行幽默的表达时，会让人感觉亲切又有趣，自然会缓和谈判紧张的气氛，赢得对方的好感，这样我们成功的概率会大大增加。此外，幽默的人一定是善于观察、能够把控节奏的人，这也对谈判的走向影响很大。

你看起来比实际年龄年轻了十岁。

哈哈，你真会开玩笑，哪儿有那样夸张。

幽默是一种人格魅力

幽默是一种闪耀着光辉的人格魅力，它能带给我们欢乐、爱和友谊。大凡幽默之人，必定洒脱乐观，冷静自持，看待问题也总能另辟蹊径。和幽默的人在一起，人们除了能感受到快乐之外，也一定会被他们的精神内核启迪。面对矛盾和冲突，幽默的人不会轻易被激怒而失去理智，他们有着"行到水穷处，坐看云起时"的淡定，他们能寓庄于谐，清醒而理智地把控事情的节奏，在复杂的情况中找到转机，带给人"山重水复疑无路，柳暗花明又一村"的惊喜。

在一个宁静的夜晚，巴尔扎克突然从睡梦中醒来，惊讶地发现一个小偷正在他的抽屉里翻找。然而，他并没有生气或慌张，反而放声大笑起来。

小偷被这笑声弄得一头雾水，疑惑地问："你笑什么呢？"

巴尔扎克带着笑意回答说："我觉得真是有趣，我白天在这儿翻了半天，连一分钱都找不到，你却觉得晚上能有所收获。"

小偷听后觉得无趣，转身就要离开。

巴尔扎克却笑着说："别忘了帮我顺手把门关上。"

小偷嘲讽道："你家已经什么都没有了，关门还有什么用？"

巴尔扎克却机智地回答："这扇门哪，它不是为了防盗，而是为了挡住外面的寒风。"巴尔扎克的话让小偷也忍不住笑了，他默默关上门，消失在夜色中。

幽默也是一种智慧

莎士比亚曾说："幽默和风趣是智慧的体现。"幽默是一种深刻的智慧，它源自人们对世界的深刻理解和对人性的敏锐观察，它并不是空穴来风，也不会乏味空洞。幽默除了引人发笑外，必然还蕴含着深刻的哲理，带给人思考和启迪。同时，幽默还是一种豁达乐观的人生态度的体现，小到个人，大到家庭，甚至是社会，全都会因为幽默而变得充满活力和快乐，这种力量是非常强大的，它能让平淡不再平淡，让困难不再困难。

你看过这本书吗？非常有意思。

我最喜欢语言幽默的书了，快借我看看！

开玩笑要有尺度，别让幽默闹笑话

在现代社会中，来自社交、生活和职场的各种压力和挑战常常让人感觉疲惫不堪，而风趣幽默的话语，便如同夏日山间的清风，为我们吹散心头的疲惫，让我们的生活变得轻松和愉快，也让我们可以带着满满的活力继续前行。

在人际交往中，严肃固然是需要的，但是如果能够加入一些风趣幽默的妙语，谈话的气氛也会变得更轻松。然而，玩笑话也不是无往不利的，社交中的玩笑话也同样要把握好分寸和尺度才能达到理想的效果。

我还记得你小时候的糗事。

哈哈，咱俩谁也别说谁，我也记得你的糗事。

"时来天地皆同力，运去英雄不自由。"不管做什么，时机很重要，与人交流也是如此，说话一定要合时宜。时机合适，即使朴素的言语一样可以打动人心；时机不对，舌灿莲花也于事无补。

马克·吐温去迪照恩旅行，在火车上，长途跋涉的疲劳席卷而来，他只想美美地睡上一觉。于是，他叫来了列车员，对列车员说："您好，请您在列车将要到达迪照恩的时候把我叫醒，我需要在迪照恩下车，我有点儿起床气，不管到时候我的态度怎么样，都请您直接把我推下去！"列车员答应了他的请求。于是，马克·吐温便放心大胆地去休息了。一觉醒来，他发现列车到了巴黎。他意识到自己已经坐过站了，于是便怒气冲冲地去找列车员要说法，他大声地冲着列车员嚷嚷："我真的是太生气了，从来没有遇见过这么让我生气的事情！"列车员一脸淡定地说："相信我，您现在的火气还不如在迪照恩被我推下去的美国人的一半大呢。"马克·吐温听完以后忍不住哈哈大笑。

玩笑不能随便开

社交场合中难免会有开玩笑活跃气氛的情况，与人开玩笑一定要注意把握分寸和尺度，注意对象和场合，这样说出的玩笑才好笑。不合时宜的玩笑不仅不会娱乐大家，反而会让自己成为一个笑话。在日常交际中，和人开玩笑必须是以尊重对方为前提，心怀善意，不能说话百无禁忌，触碰他人的敏感处和痛点，伤害他人的感情。同时，某些特定的人群和场合是需要绝对严肃的，不分场合和对象地乱开玩笑便是一种亵渎，只能暴露自己的无知和浅薄。

幽默要适度

凡事过犹不及，幽默的使用也同样如此。人人都喜欢幽默，也向往成为一个幽默的人，因为幽默在我们的生活中太重要了，它装点着我们平淡的生活，让生活轻松有色彩；它调和我们的人际关系，赶走矛盾和尴尬，带来和谐和友爱；它沟通人与人的关系，拉近人与人之间的距离。然而，幽默也不是越多越好，日常交流中，偶尔抖个包袱、说个笑话会让人感觉轻松有趣，如果不停地抖包袱就会变成抖机灵，让人感觉轻浮油腻，惹人生厌。所以，幽默的使用也要适可而止。

幽默就是分寸感

纪伯伦曾说："幽默就是分寸感。"在一些悲伤或者严肃的场合，人们往往都需要共情，你的玩笑态度和对方的情绪会形成强烈的反差，极其容易引起他人的反感。同时，开玩笑一定不能戳对方的痛处，俗话说："打人不打脸，揭人不揭短。"任何靠贬低和侮辱他人寻找快乐的行为都是低级无聊的。开玩笑也要因人而异，根据性格、对象有所调整，胡乱开玩笑容易引发社交灾难，不仅不好笑反而适得其反。所以，我们在开玩笑的时候一定要把握好尺度。

2000年8月，曼德拉以前总统的身份去南共体首脑会议领取"卡马勋章"，上台后，他说："这个讲台是为总统们设立的，我这个退休老人来这里，有一位总统一定会不开心，那就是我们的现任总统姆贝基。"说完以后，台下爆发出了一阵笑声。这时候，主持人为他搬来了一把椅子，曼德拉笑着说："虽然在很多人眼里我已经82岁高龄，但是我觉得我还年轻，你看我现在站在台上，手脚都完全没有发抖的现象，等我到100岁可能才会需要这把椅子。"大家听了又都笑了起来。领奖结束以后，他又说："这个勋章对我来说很有意义，如果我哪天穷困潦倒了，就去把它卖掉换钱，我想，我们的总统姆贝基一定会出一个好价钱。"台下又是一阵大笑，姆贝基更是笑得前仰后合。

怎样成为幽默的人

一位哲人曾说："幽默其实是对智慧、聪明和博学的一种综合性应用。"一个有幽默感的人一定是一个热爱生活的人，能从细微之处发现生活的乐趣，进行深刻的思考并将其转化为诙谐有趣的语言传达给别人。要想成为一个幽默的人，需要有敏锐的观察力、广博的见识、深刻的思考、达观的态度，这些缺一不可。这些能力不是一朝一夕可以练就的，我们需要不断地去学习和思考，不断提升自我。只有这样，我们才能在生活中游刃有余地使用幽默。

你觉得怎么才能成为一个幽默的人？

要有敏锐的观察力、广博的见识、深刻的思考、达观的态度。

想要成为一个幽默的人，就要有一颗善于发现乐趣的心。幽默并不局限于讲笑话，而是一种对生活的轻松态度。通过观察和体验，我们可以发现生活中的滑稽之处，从而培养出幽默的眼光和感知能力。

想要成为一个幽默的人，还需要具备灵活的思维和善于抓住机会的能力。在交流的过程中，我们可以运用夸张、比喻等手法，将普通的事物或情景转化为幽默的话题。同时，要及时抓住机会，巧妙地插入幽默元素，使我们的表达更加生动有趣。

因此，成为幽默的人并不需要刻意追求，而需要培养积极乐观的心态，善于发现和表达生活中的乐趣。通过不断的练习和经验积累，我们可以逐渐成为更加幽默风趣的人，为自己和他人带来快乐。